ARCHITECTURE

CIVILE.

AVERTISSEMENT.

Nous avions promis à nos Souscripteurs de leur donner cet Ouvrage en un seul volume de vingt-quatre livraisons ; mais étant obligé de partir pour l'Italie, afin de jouir de l'avantage que le Gouvernement nous accorde de nous entretenir pensionnaire à l'École de Rome, nous sommes forcé, par cette circonstance de suspendre nos travaux et de former un volume des quinze premières livraisons qui paraissent ; ce qui fait une collection de quarante-neuf Maisons en quatre-vingt-dix planches. On doit voir par la table figurée qui est à la fin, que nous faisons tous nos efforts pour le terminer de la manière la plus satisfaisante qu'il nous est possible.

A notre retour, nous espérons donner une suite qui contiendra, outre une grande variété de Maisons de ville et de campagne, des Maisons de plaisance, des Jardins, des détails et des décorations intérieures. Nous osons croire que quelque temps d'étude et de méditations nous rendra plus digne de mériter la confiance des personnes qui ont déjà bien voulu nous encourager en souscrivant.

PRIX DE CE VOLUME.

Papier de France	90 francs.
Grand Colombier de Hollande	120
Le même lavé à l'encre de la Chine	400

A PARIS,

CHEZ
- L'AUTEUR, Cloître Notre-Dame, n.° 2.
- THIERRY, Graveur, Rue de la Harpe, n.° 172, près la rue Serpente.
- BUISSON, Imprimeur-Libraire, Rue Hautefeuille, n.° 20.

ARCHITECTURE CIVILE.

MAISONS

DE VILLE ET DE CAMPAGNE

DE TOUTES FORMES ET DE TOUS GENRES,

PROJETÉES POUR ÊTRE CONSTRUITES SUR DES TERREINS DE DIFFÉRENTES GRANDEURS;

OUVRAGE

Utile à tous Constructeurs et Entrepreneurs, et à toutes Personnes qui, ayant quelques connaissances en construction, veulent elles-mêmes diriger leurs Bâtimens.

DÉDIÉ

A MONSIEUR SUVÉE,

PEINTRE

ET DIRECTEUR DE L'ÉCOLE FRANÇAISE DES BEAUX ARTS A ROME,

PAR L. A. DUBUT, DE PARIS,

ARCHITECTE ET PENSIONNAIRE DE L'ÉCOLE FRANÇAISE A ROME.

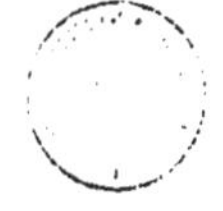

A PARIS,

DE L'IMPRIMERIE DE J. M. EBERHART.

AN XI. (1803.)

INTRODUCTION.

L'Architecture que nous traitons dans cet Ouvrage, a pour objet l'habitation du Citadin, soit à la Ville soit à la Campagne. Quoique cette partie de l'Art ne paraisse pas la plus élevée, c'est néanmoins une des plus utiles, c'est celle dont on a le plus souvent besoin, et à laquelle cependant la plupart des jeunes Architectes s'attachent le moins. Si le but de nos premières études se dirigeait plus particulièrement vers cette partie de l'Art, que nos grands Maîtres n'ont pas dédaignée; combien nos habitations y gagneraient sous tous les rapports, par la disposition, la salubrité et l'économie! Est-il rien de plus agréable qu'une Maison où nos besoins sont parfaitement satisfaits? elle fait le charme de notre vie, et contribue à nous faire passer des jours heureux.

En offrant au Public un recueil de projets de Maisons variées, nous avons cru lui être de quelque utilité, soit en déterminant l'amateur dans son choix, soit en donnant aux Artistes des motifs de composition : on se détermine bien plus facilement lorsqu'on a une base pour asseoir ses idées.

La Maison du plus simple comme du plus riche Particulier y est étudiée avec soin; chacun peut y trouver la sienne selon son état, sa fortune et son rang : il y en a même quelques-unes dont la grandeur et la disposition pourraient les faire nommer Palais ou Châteaux.

Ainsi, que l'on rencontre dans cet Ouvrage une Maison qui convienne, il sera très-facile de la faire exécuter, pourvu qu'on ait seulement quelques connaissances en construction. On peut également adopter un plan dans son ensemble et en changer toutes les distributions, ou quelques parties : en les examinant avec attention, on s'appercevra qu'ils sont conçus de manière à supporter beaucoup de changemens sans rien perdre de leur symétrie, et conserver toujours les pièces très-régulières. On peut supprimer des péristiles, des galeries, etc., soit par goût soit par économie.

La décoration extérieure naît de deux choses principales, de la disposition du plan et de la nature des matériaux qu'on emploie : en conséquence, si un plan convient et remplit son objet, et que les élévations telles qu'elles sont, ne puissent pas avoir lieu faute de matériaux convenables; on peut en adopter d'autres, ou y faire des changemens, ayant soin seulement de conserver les mêmes proportions.

Il y a peu de Maisons dans cet Ouvrage, quelque petites qu'elles soient, qui n'aient un vestibule, ou un portique, ou une loge (1) en forme de galerie : nous

(1) On peut les vitrer en hiver dans les pays septentrionaux.

ne les proposons pas simplement comme objets de faste et de somptuosité, ainsi que beaucoup de personnes pourraient le croire, mais bien comme objets d'utilité. Lorsqu'on veut faire dégager facilement et rendre ses pièces indépendantes les unes des autres, ne vaut-il pas mieux employer son terrein en vestibules et en galeries claires et aérées, que de le perdre en corridors sombres et obscurs? tout y gagne, la disposition et la commodité.

Les Italiens s'y entendent très-bien : il est peu de leurs Maisons qui n'aient une galerie ou une loge par le haut; l'une sert à prendre l'air à couvert ou à mettre des fleurs, et l'autre sert d'observatoire, ou même de séchoir pour le linge. Ils ne pensent pas que ce soit du terrein perdu, ni des dépenses inutiles : l'agrément qu'ils en retirent les dédommage bien amplement des frais que cela leur occasionne. Pour s'en convaincre, il suffit de voir la plupart des Maisons de Rome, de Gênes, de Florence, de Venise, et celles bâties sur les bords de la Brenta par le célèbre Palladio.

Dans celles que nous proposons, nous avons cherché à imiter leurs grandes dispositions : en les distribuant selon nos usages, nous avons eu pour but de présenter des projets d'habitations utiles et agréables. Si nous n'avons pas fait ce que nous avons desiré, nous demandons seulement qu'on nous sache gré de nos efforts.

Nous avons cru inutile de donner aucune description particulière : les lettres de renvoi indiquées sur les plans instruiront suffisamment. Il y a des vues perspectives de presque toutes les Maisons, afin de faciliter davantage l'intelligence, et de donner plus de développement à l'Architecture. On trouvera à la fin de ce Volume une table figurée : on y a dessiné sur une même échelle les plans de toutes les Maisons, ce qui peut servir de parallèle et mettre à même de trouver ce dont on a besoin.

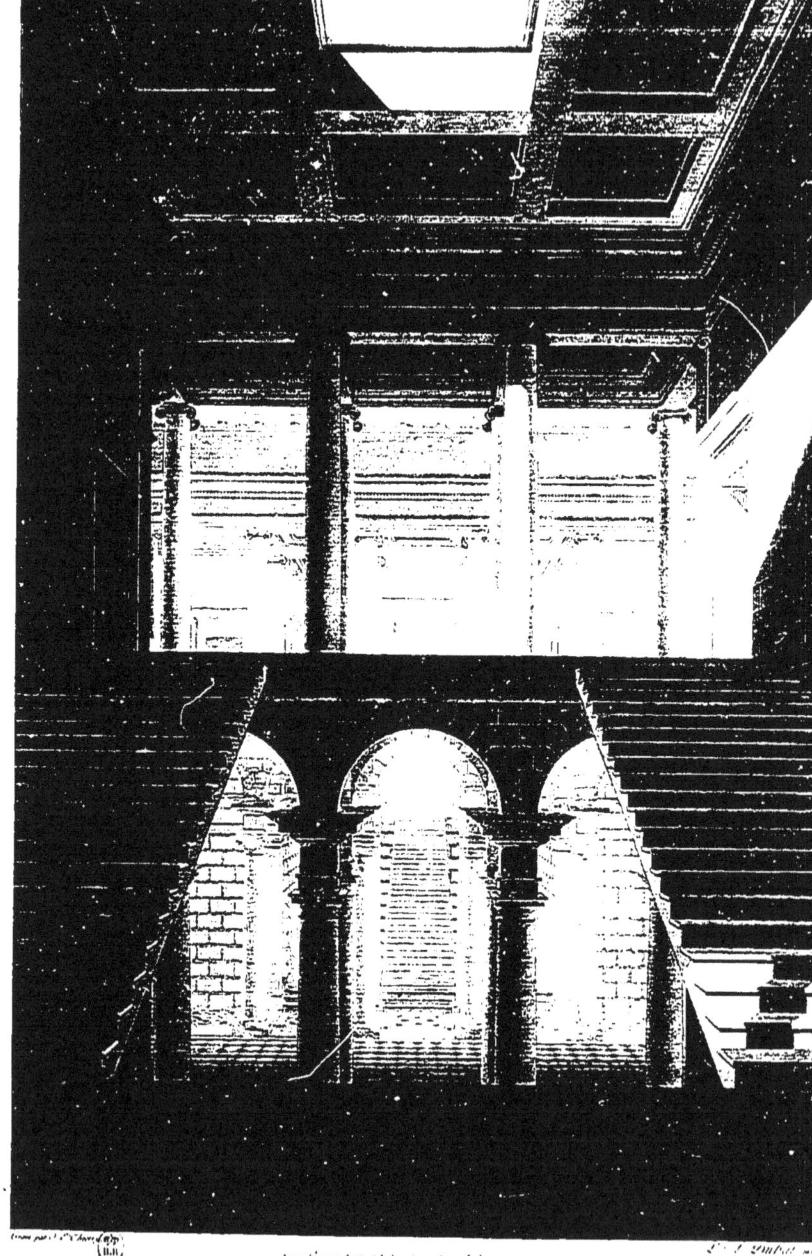

Vue intérieure du vestibule et escalier de la maison N°.

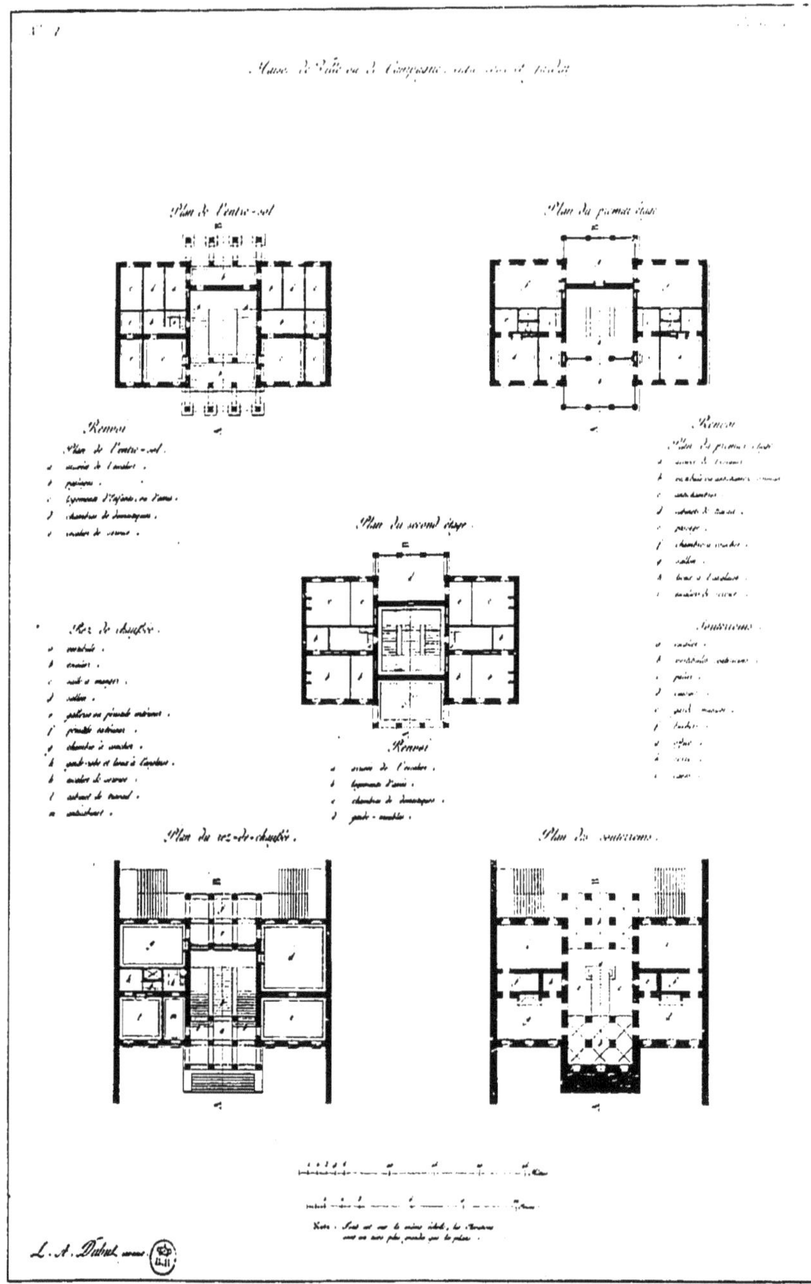
Plan de l'entre-sol.
Renvoi
Plan de l'entre-sol.
Plan du second étage.
Renvoi
L. A. Dubut

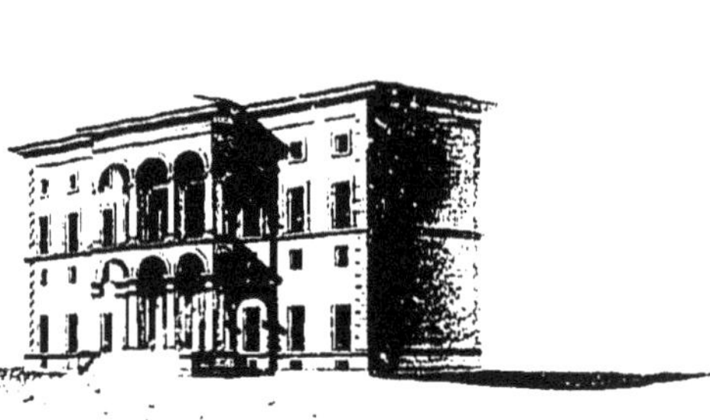

Élévation perspective.

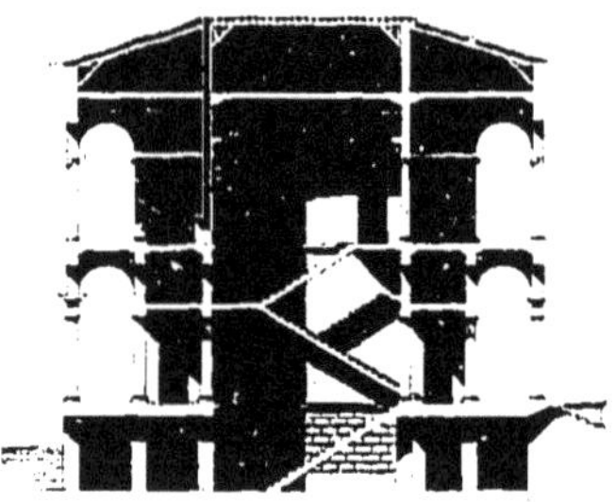

Coupe sur la ligne A.B.

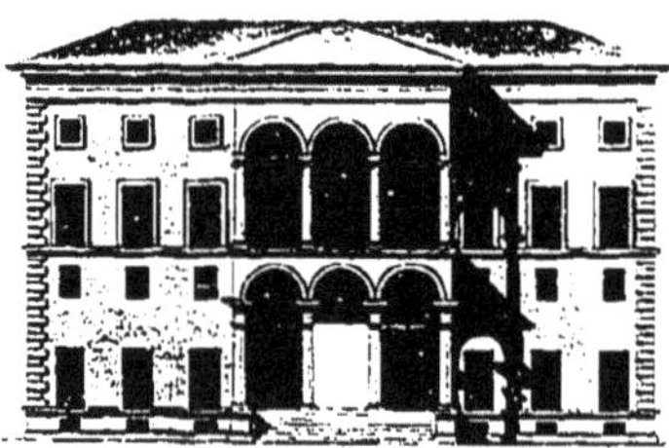

Élévation géométrale.

L. A. Dubut

Maison pour une famille [illegible]

Coupe.

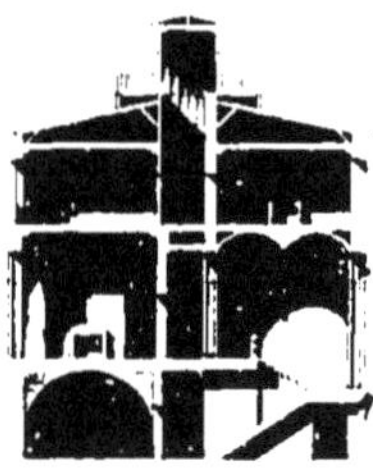

Élévation (architecture Gothique)

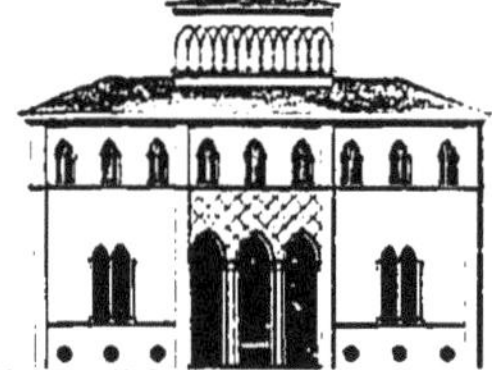

Élévation (architecture Italienne)

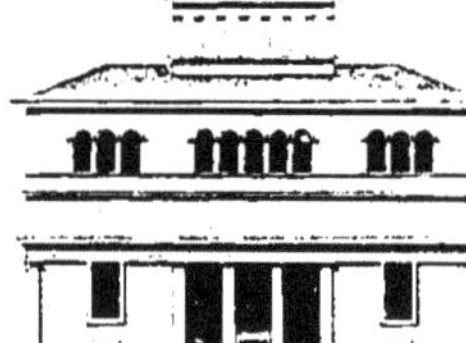

Plan des souterrains.

- a arrivée de l'escalier.
- b palier.
- c cuisine.
- d office.
- e bucher.
- f passages.
- g caves.

Plan du Rez-de-chaussée.

- a vestibule.
- b palier.
- c gallerie.
- d salle à manger.
- e salon.
- f chambre à coucher.
- g passage et lieux à l'anglaise.
- h cabinet de travail.
- i escalier pour monter au premier étage.

Plan du premier étage.

- a arrivée de l'escalier.
- b chambre d'enfant.
- c passages.
- d chambre à coucher.
- e chambres d'amis.
- f corridor.

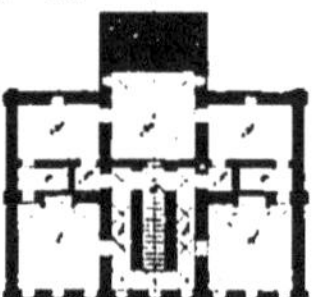

Caves.

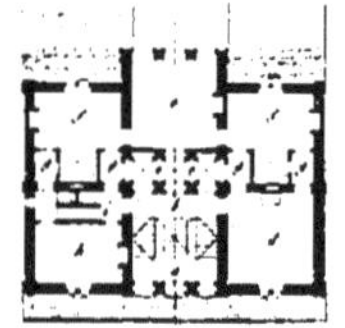

Rez-de-chaussée.

Premier étage.

Échelles des Élévations.

Échelles des Plans.

L. A. Dubut.

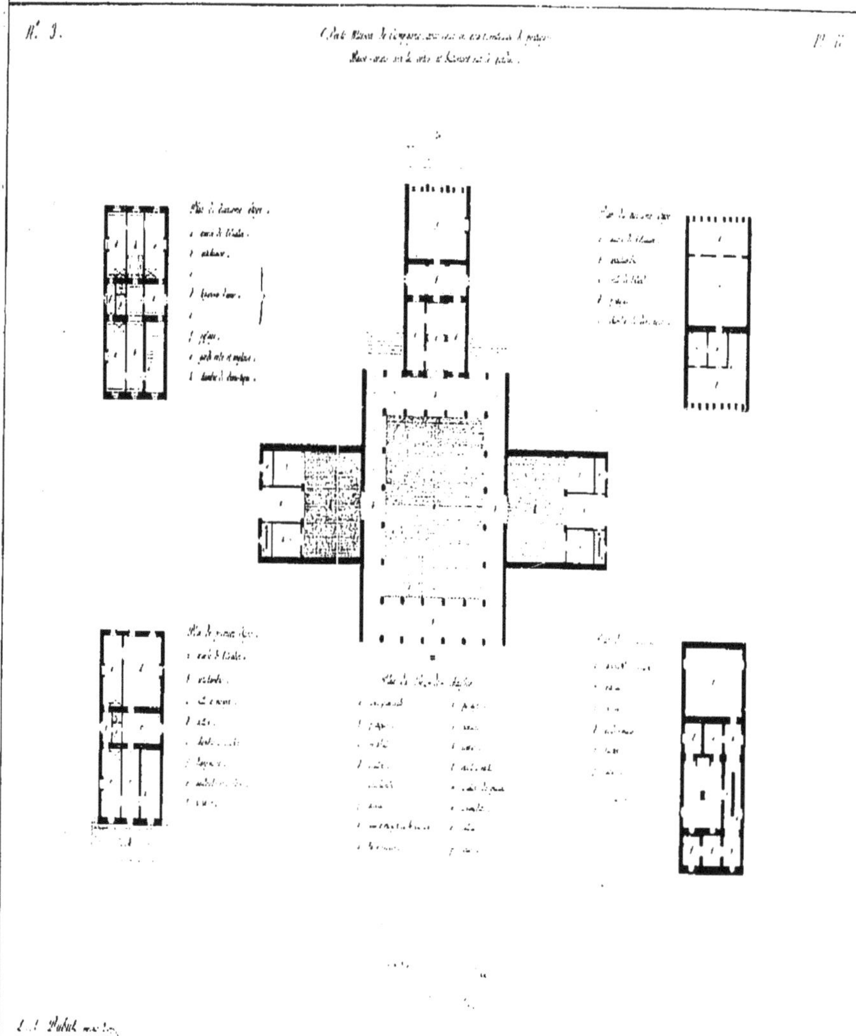

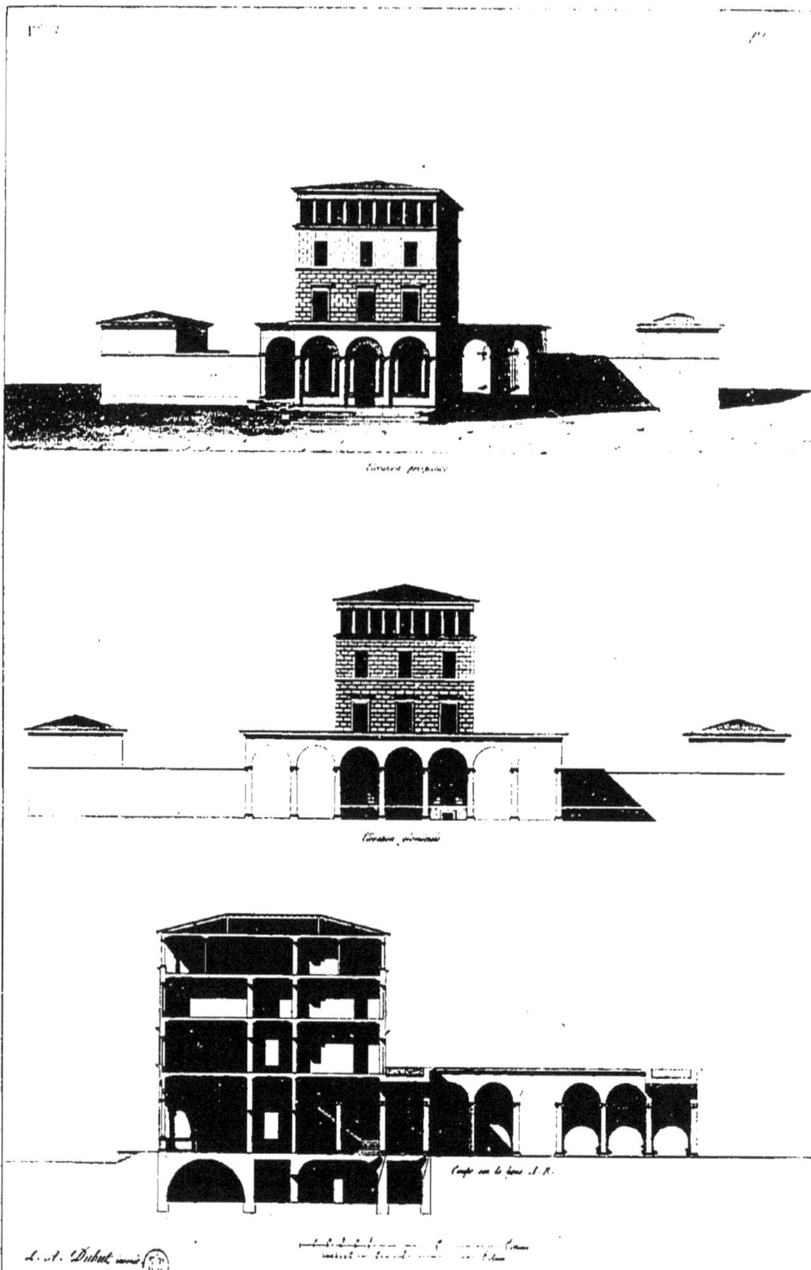
L. A. Dubut invenit

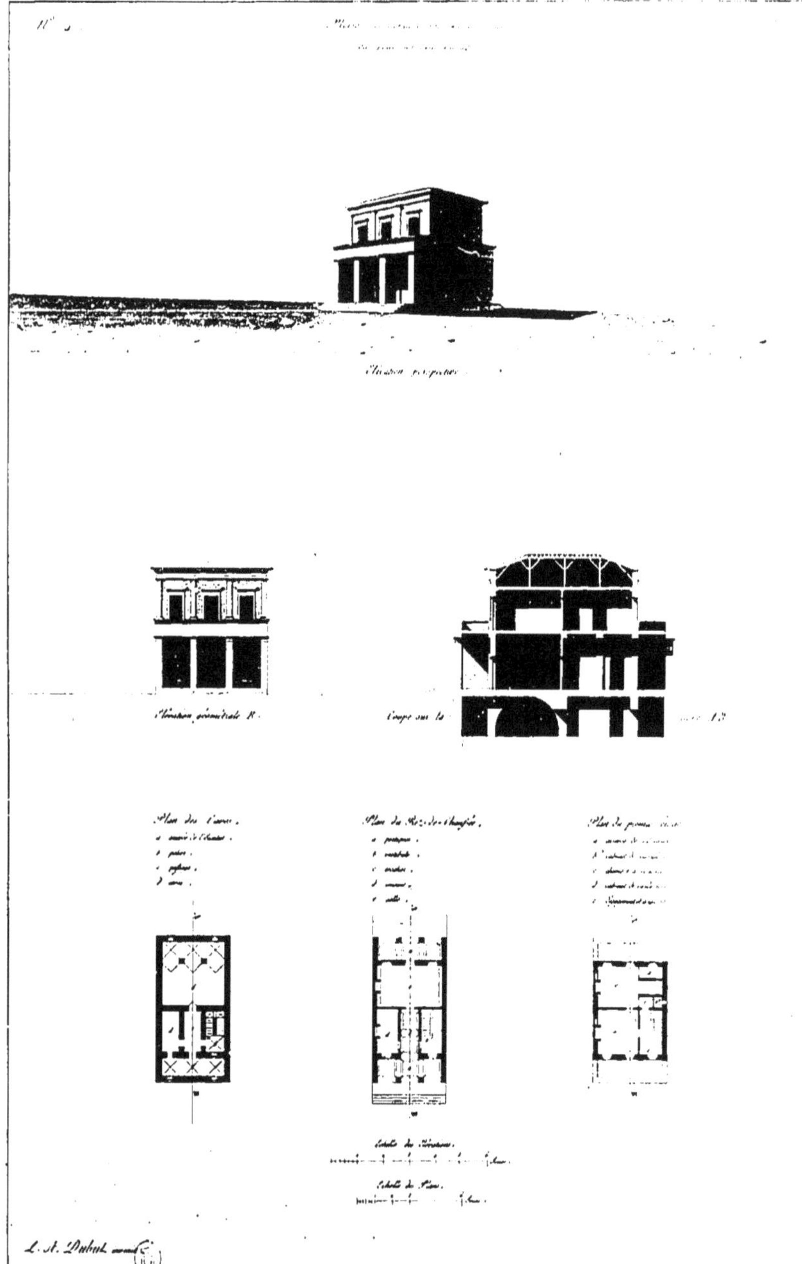

Maison de Ville ou de Campagne, convenable pour un Particulier ou pour deux familles réunies

Plan du rez-de-chaussée

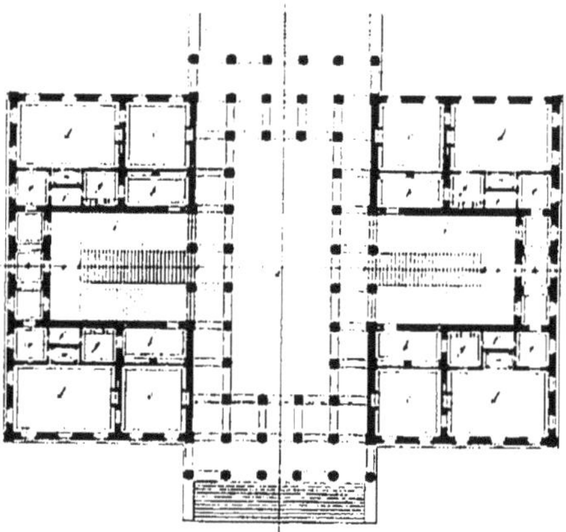

Plan des souterrains.

Renvoi
Plan des souterrains

- a escaliers
- b paliers.
- c cuisines
- d laveries
- e garde-mangers.
- f bûchers.
- g offices.
- h fruiteries.
- i caves.
- j escaliers pour le service extérieur.
- k communications.
- l caves.

Renvoi
Plan du rez-de-chaussée

- a vestibule, ou salle de jeux
- b antichambres.
- c grands salons
- d chambres à coucher
- e cabinets de toilette
- f dégagements
- g lieux à l'anglaise
- h galeries de dégagements et de communications
- i paliers.
- j escaliers
- k descentes de caves

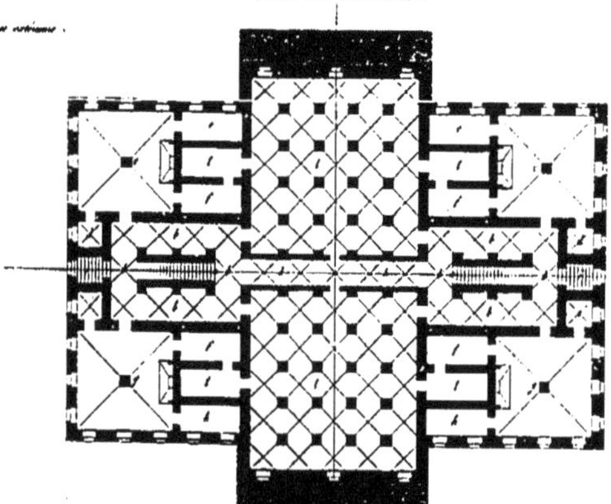

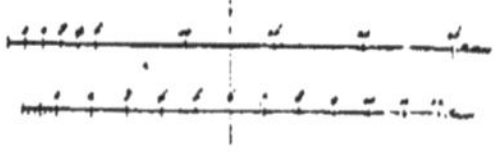

L. M. Dubut inv.

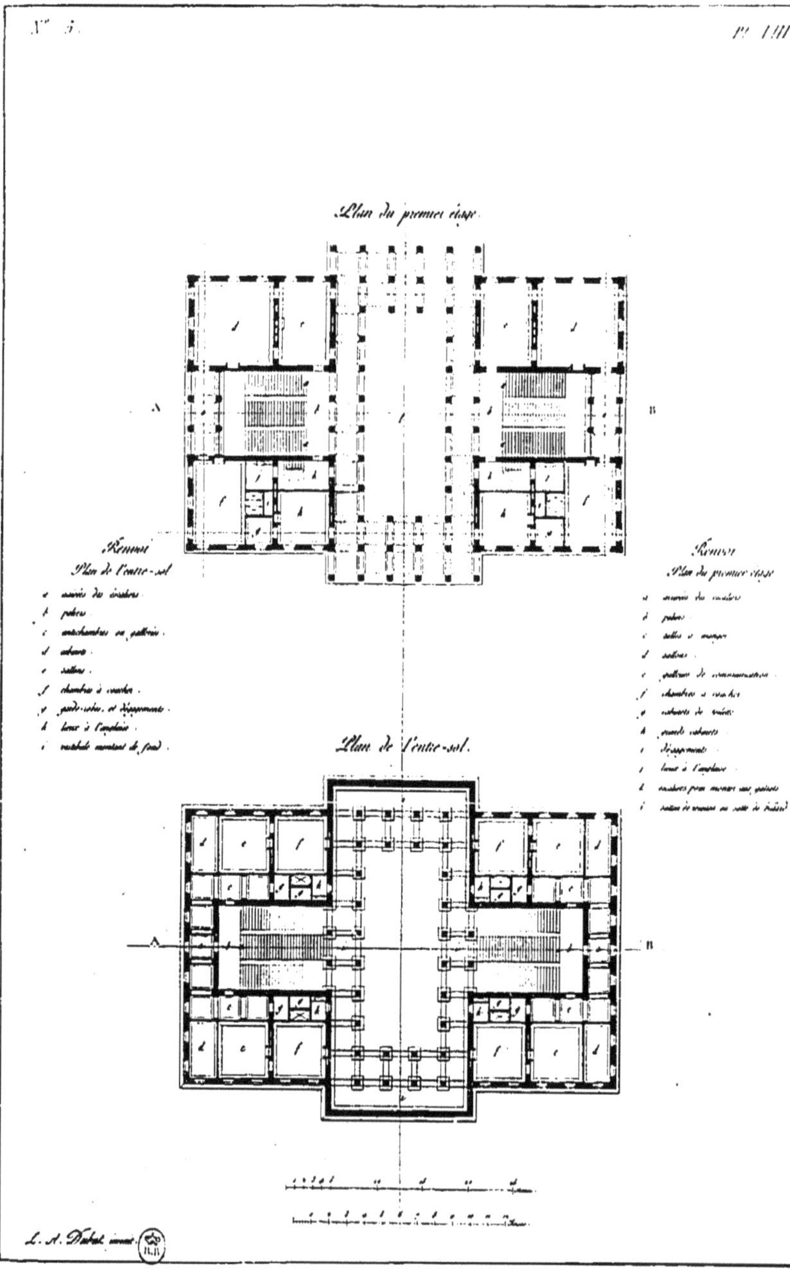
N° 5.
Pl. LIII
Plan du premier étage.
A
B
Renvoi
Plan de l'entre-sol
c antichambres ou galleries.
d cabinets.
e sallons.
f chambres à coucher.
g garde-robes, et dégagements.
h lieux à l'anglaise.
i vestibule montant de fond.
Renvoi
Plan du premier étage
c salles à manger
d sallons.
e galleries de communication.
f chambres à coucher
h grands cabinets
i dégagements
j lieux à l'anglaise
Plan de l'entre-sol.
A
B
L. A. Dubut invenit.

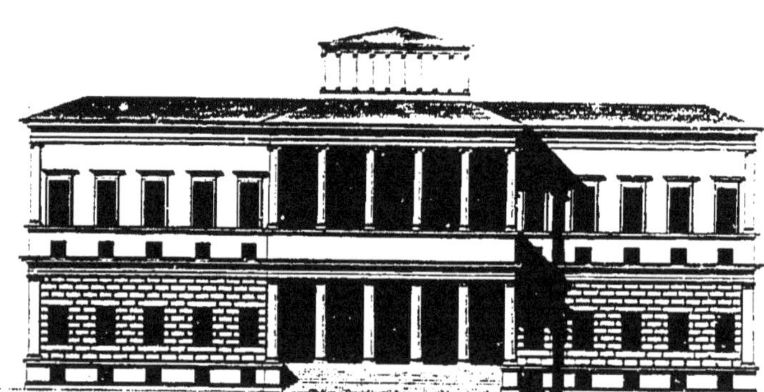

Élévation géométrale

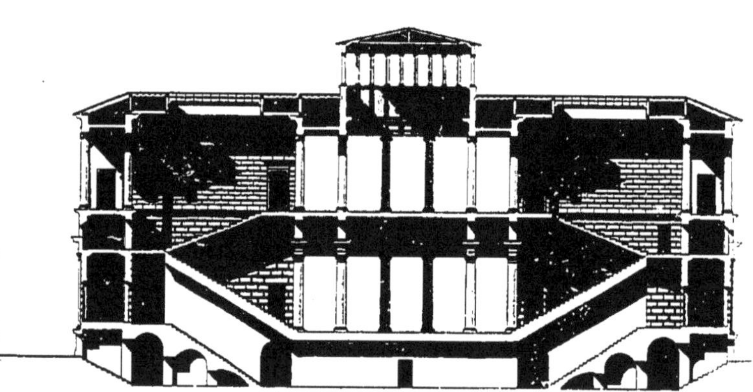

Coupe sur la ligne A. B.

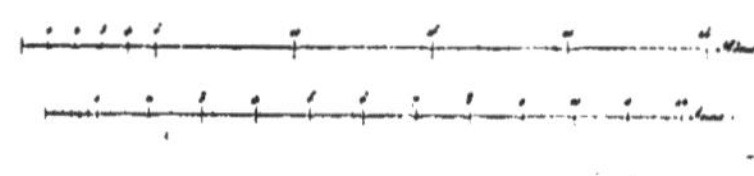

L. A. Dubut

N°. 5.

Pl. 1.

Élévation perspective.

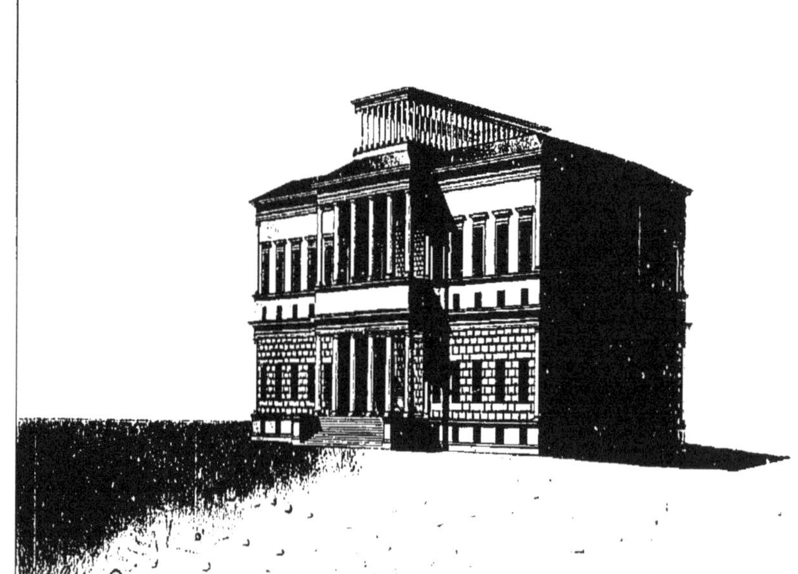

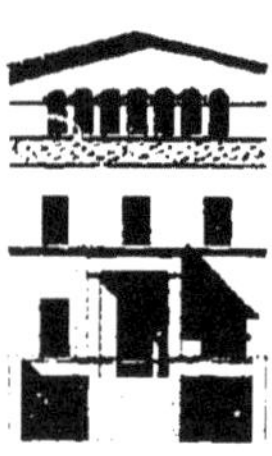

Élévation sur le jardin.

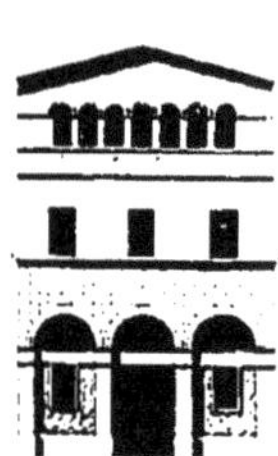

Élévation sur la Rue.

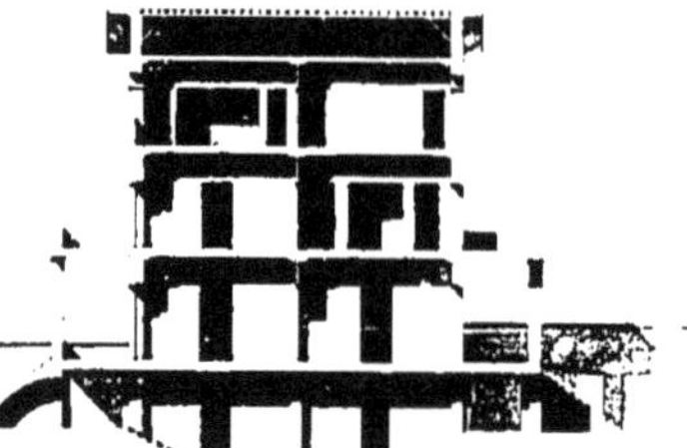

Coupe sur la ligne A B.

- a perron,
- b vestibule,
- c salle à manger,
- d office,
- e cuisine,
- f escalier,
- g cour,
- h passage de porte cochère,
- i escalier pour monter aux chambres de domestiques,
- j commodités,
- k écurie,
- l remise.

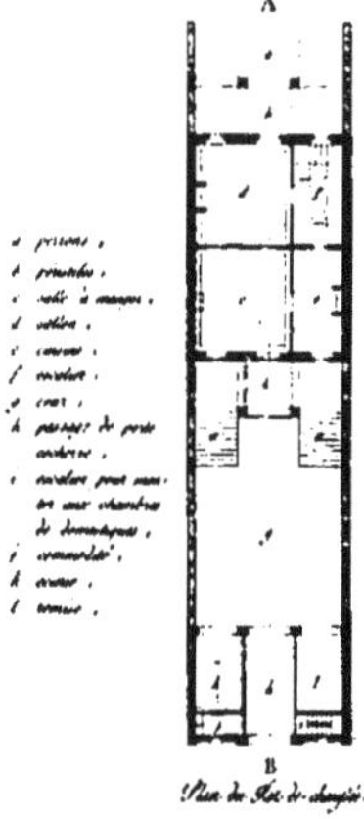

Plan du Rez-de-chaussée.

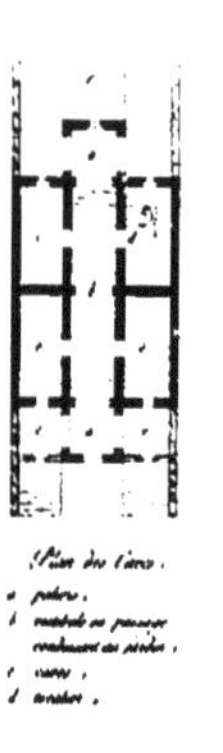

Plan des Caves.

- a paliers,
- b vestibule ou passage conduisant au jardin,
- c caves,
- d bûcher.

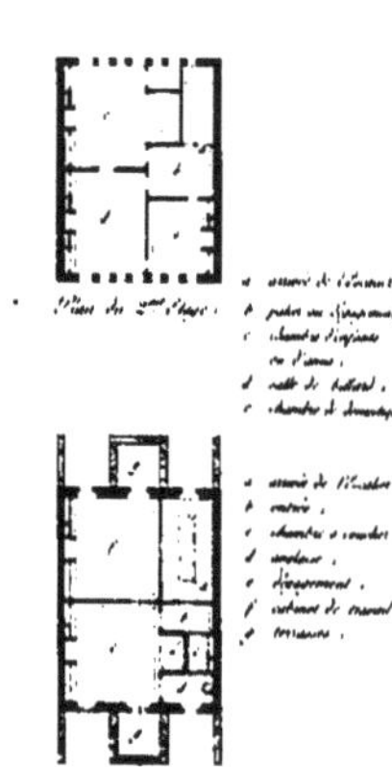

Plan du 2.me Étage.

- a arrivée de l'escalier,
- b palier ou dégagement,
- c chambre d'enfans ou d'amis,
- d salle de billard,
- e chambre de domestiques.

- a arrivée de l'escalier,
- b entrée,
- c chambre à coucher,
- d [illegible],
- e dégagement,
- f cabinet de travail,
- g terrasses.

Plan du premier Étage.

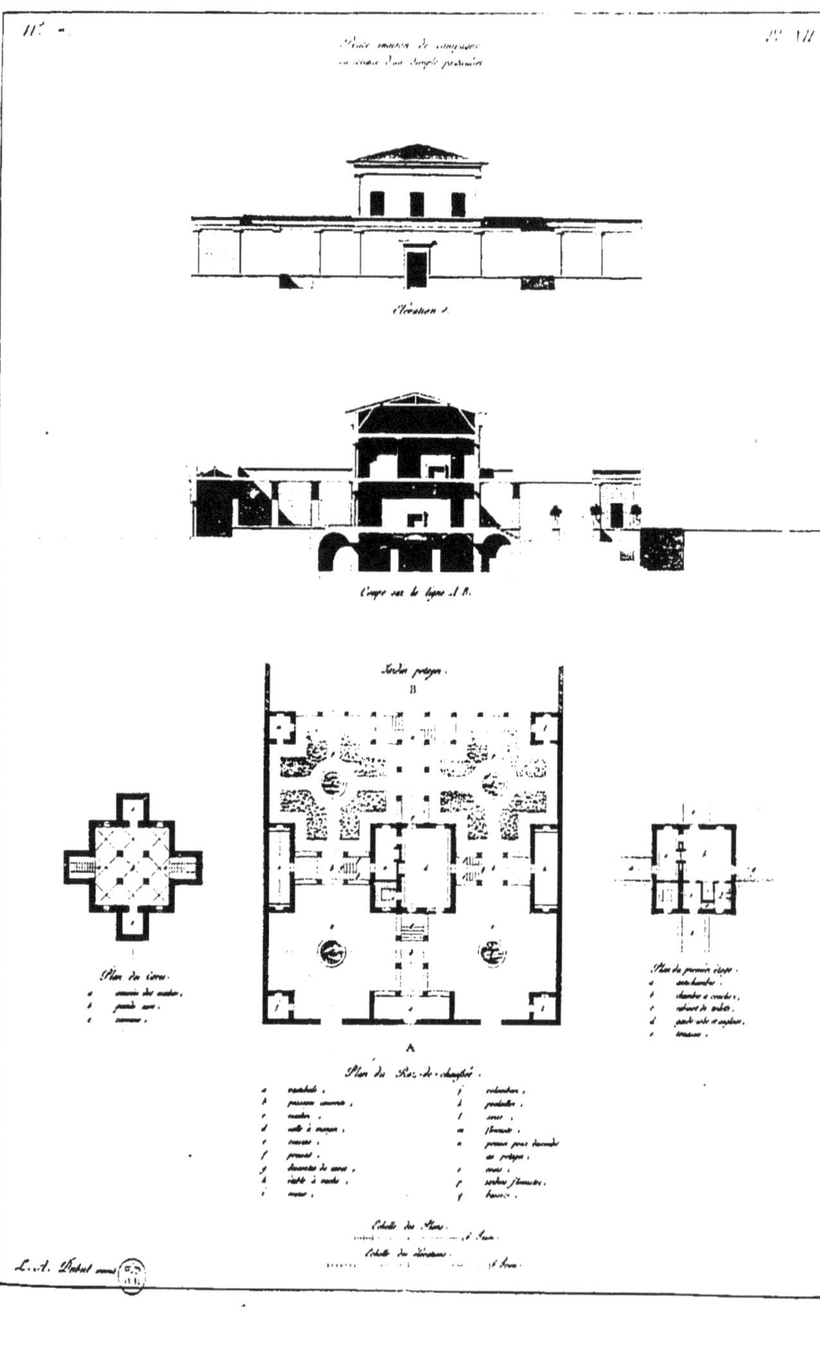

Pl. VII
Élévation.
Coupe sur la ligne A B.
Jardin potager.
B
A
Plan du Rez-de-chaussée.
Échelle des Plans.
Échelle des élévations.

N.° 8. Pl. [illegible]

Petite maison isolée,
Convenable pour un célibataire

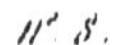

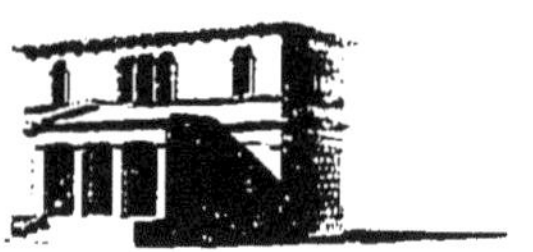

Élévation perspective

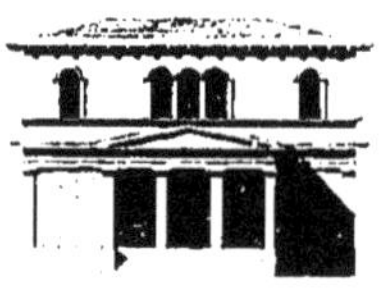

Élévation géométrale

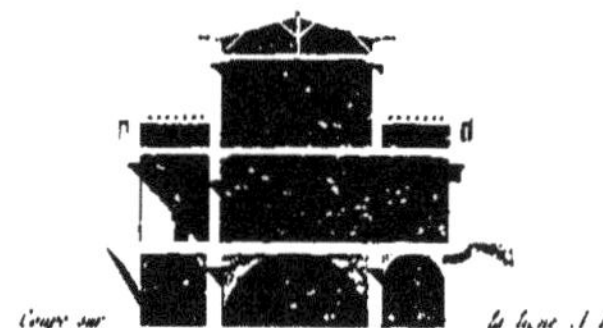

Coupe sur la ligne A B

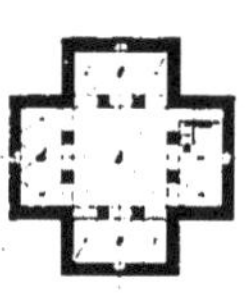

Plan des Caves.

- a [illegible] de l'escalier.
- b cave.
- c
- d [illegible].
- e

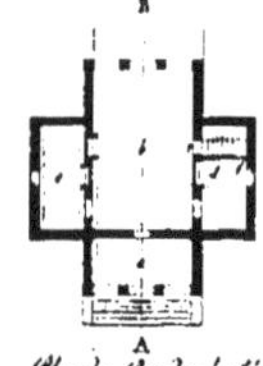

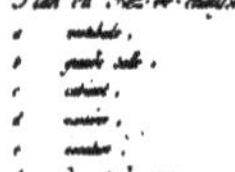

Plan du Rez-de-chaussée.

- a vestibule,
- b grande salle,
- c cabinet,
- d cuisine,
- e escalier,
- f descente de cave.

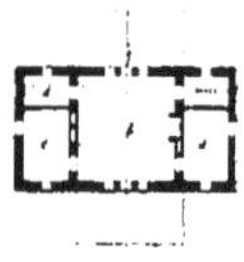

Plan du premier Étage.

- a antichambre ou chambre de domestique,
- b chambre à coucher,
- c cabinet,
- d garde-robe à l'anglaise.

Echelle des Plans. 6 Toises.

Echelle des Élévations. 6 Toises.

L. A. Dubut invenit

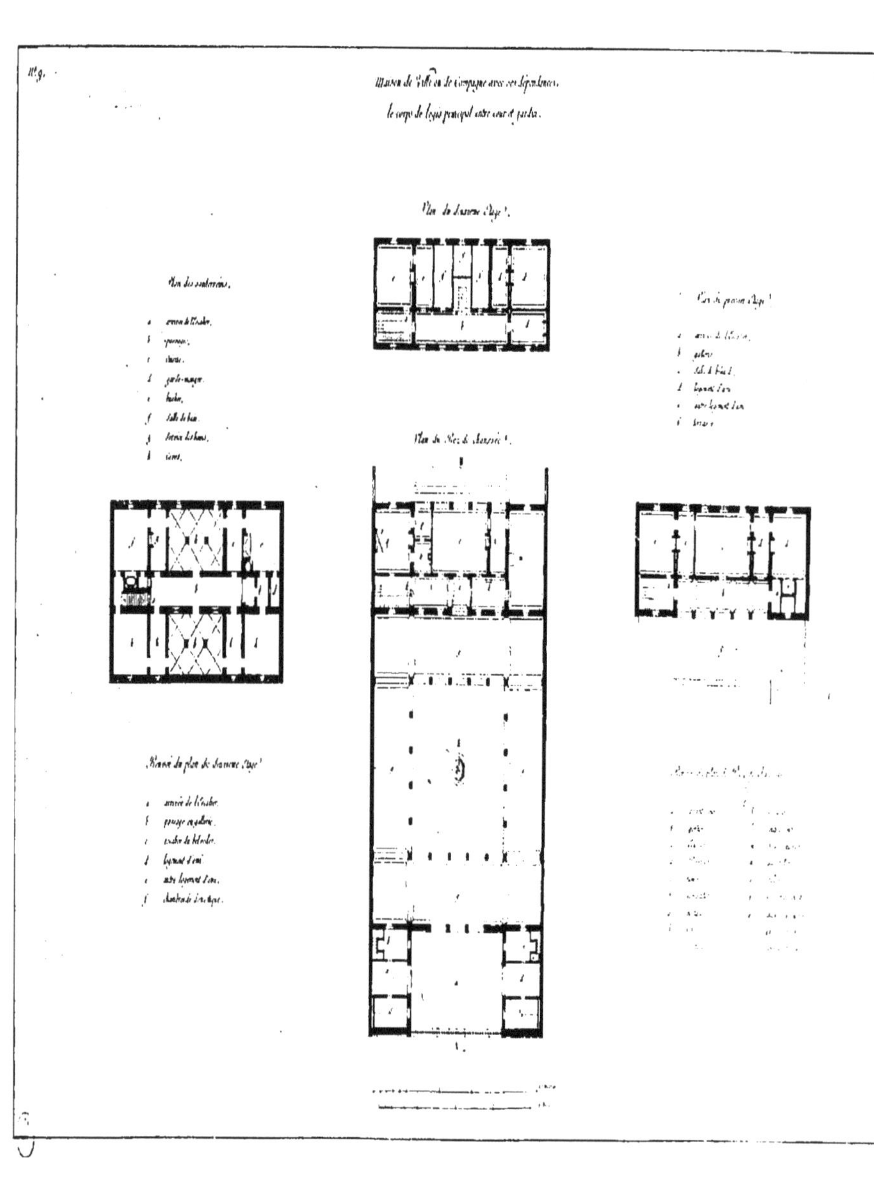
N.º 9.
Maison de Ville ou de Campagne avec ses dépendances,
le corps de logis principal entre cour et jardin.
Plan du deuxième étage.
Plan des souterrains.
Plan du premier étage.
Plan du rez de chaussée.
Renvoi du plan du deuxième étage.
a arrivée de l'escalier.
b passage en galerie.
c escalier du belvédère.
d logement d'ami.
e autre logement d'ami.
f chambre de domestique.

N° 9.

Pl. VI

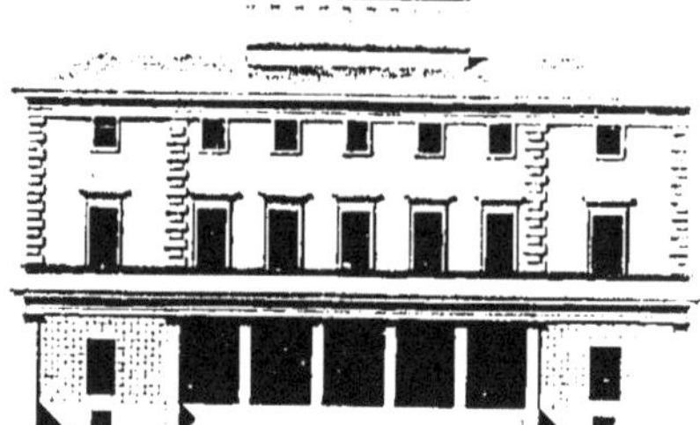

Élévation sur le jardin.

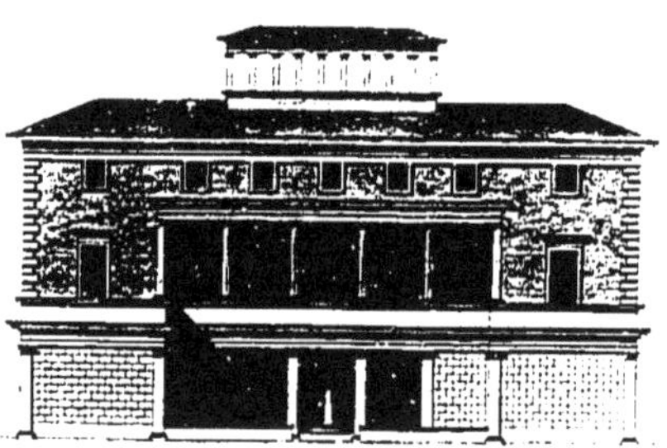

Élévation de face.

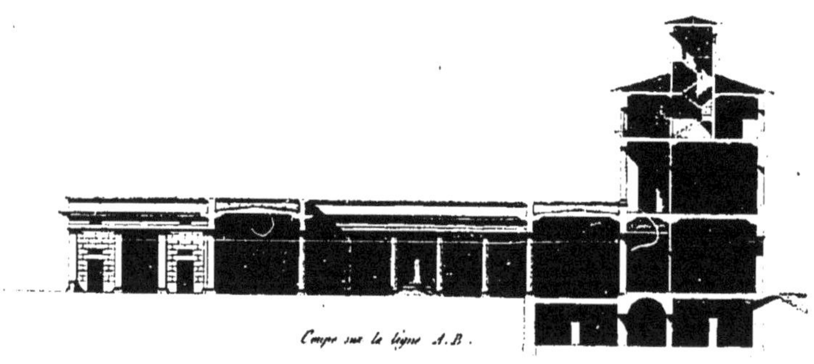

Coupe sur la ligne A.B.

L. A. Dubut

N° 10.

Pl. XVI

Corps de logis principal d'une Maison entre cour et jardin, à la Ville ou à la Campagne.

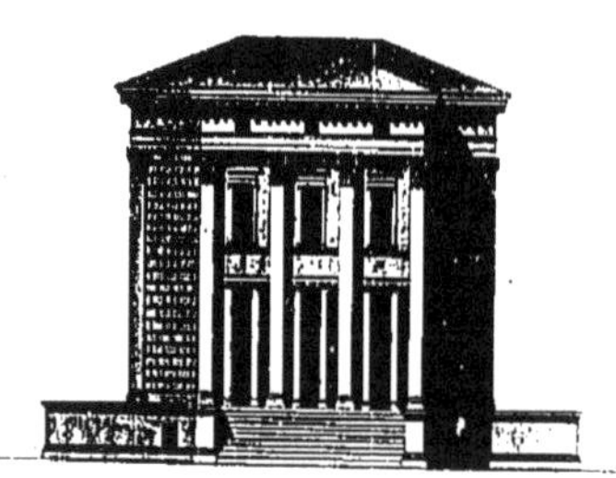

Élévation géométrale.

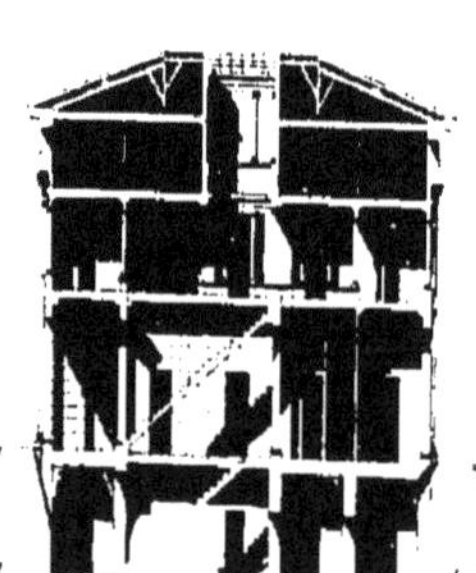

Coupe sur la ligne A.B.

Plan du Rez-de-chaussée.

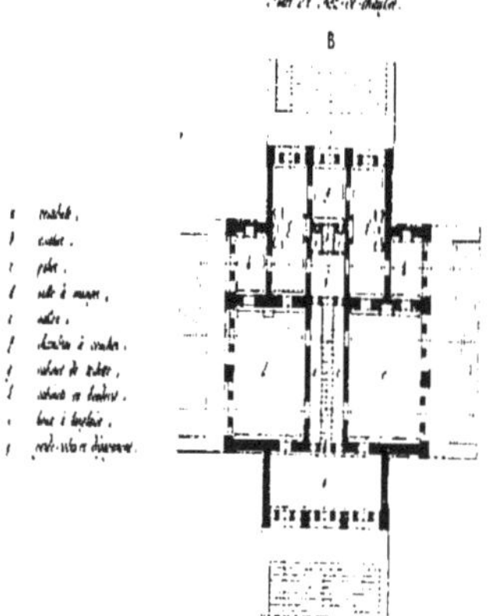

Plan du premier étage.

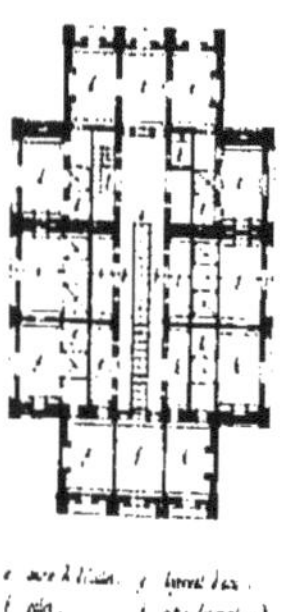

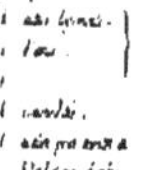

Plan des souterrains.

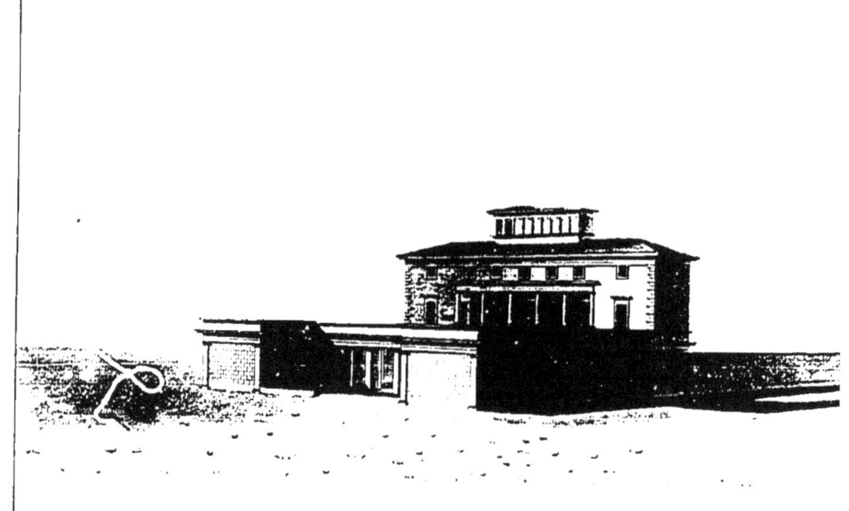

Élévation perspective de la Maison N°9

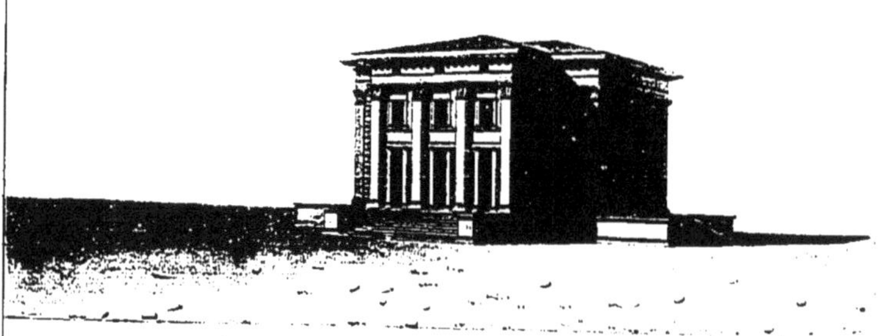

Élévation perspective de la Maison N°10

N° 11.

Pl. XVII

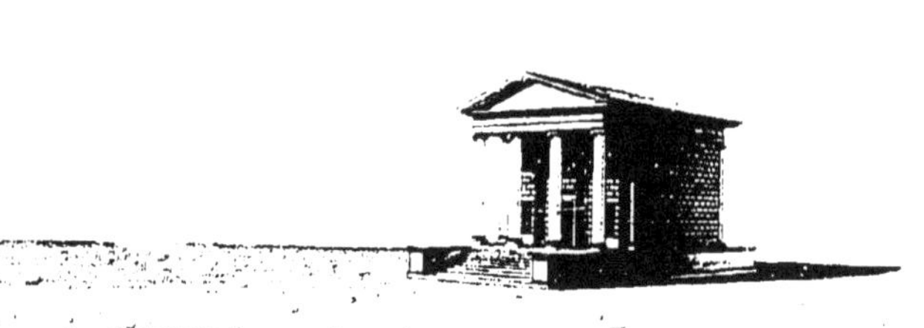

Élévation perspective.

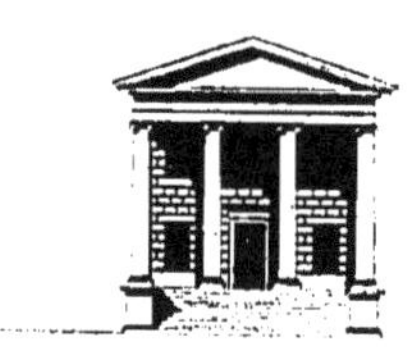

Élévation géométrale.

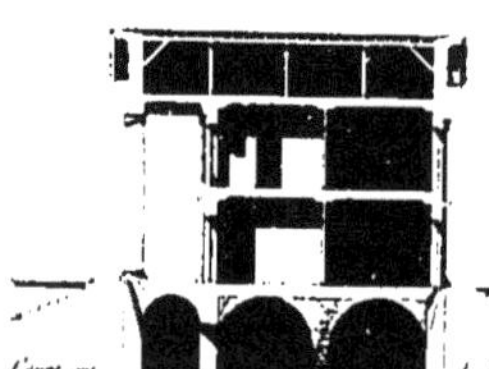

Coupe sur la ligne A B.

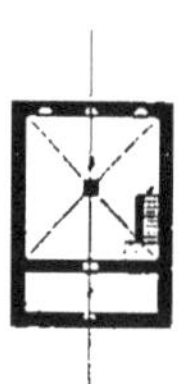

Plan des caves.

a escalier de l'cave,
b cave,
c caveau,

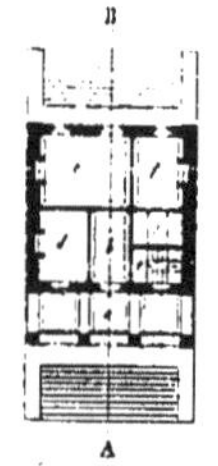

Plan du Rez-de-chaussée.

a perron.
b vestibule.
c escalier.
d cuisine
e salle à manger.
f chambre à coucher.

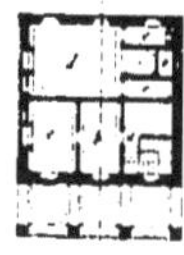

Plan du premier étage.

a escalier de l'comble.
b antichambre.
c cabinet de travail.
d chambre à coucher.
e ... et dégagement.

Échelle des Plans.

Échelle des Élévations.

L. A. Dubut invent.

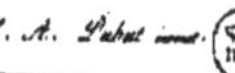

[illegible]

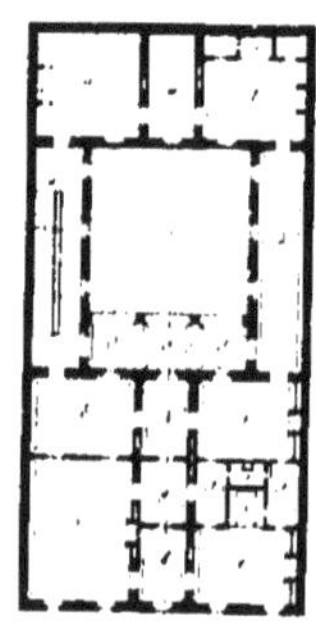

Plan du premier Étage

Renvoi du premier Étage

- a [illegible]
- b [illegible]
- c [illegible]
- d [illegible]
- e chambre à coucher
- f [illegible] et dégagement
- g [illegible]
- h anti-chambre
- i cabinet
- j [illegible]
- k salon
- l chambre à coucher
- m chambres de domestiques
- n [illegible]

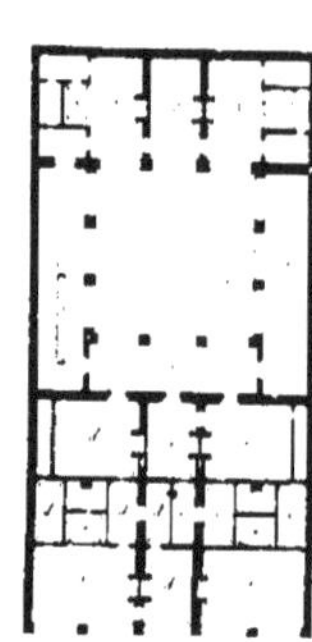

[illegible]

Renvoi des caves

- a dessous de l'Escalier
- b passages au caveau.
- c caves
- d terre-plein sous la cour.

Renvoi de l'Attique

- a [illegible]
- b [illegible]
- c [illegible]
- d [illegible]
- e [illegible]
- f [illegible]

Renvoi du Rez-de-chaussée

- a passage de porte cochère,
- b vestibule
- c portier.
- d Escalier.
- e Cour.
- f Écurie,
- g remise,
- h emplacement du puits.
- i passage
- j Sellerie.
- k commodités
- l boutiques,
- m arrière-boutiques.
- n Escaliers des boutiques,
- o descente de cave,

Plan des caves.

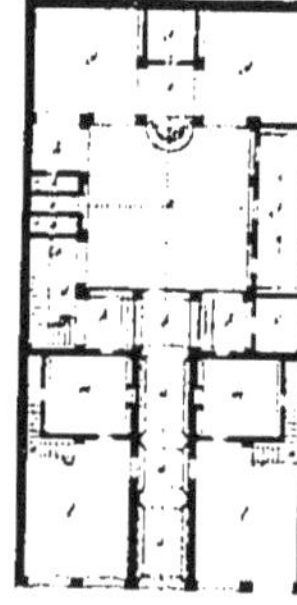

Plan du Rez-de-chaussée

[illegible]

L. Dubut

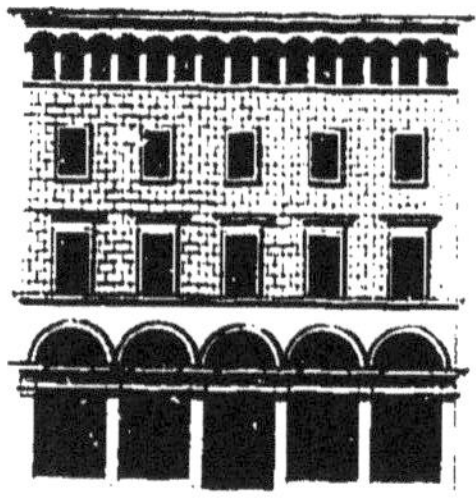

Élévation Géométrale

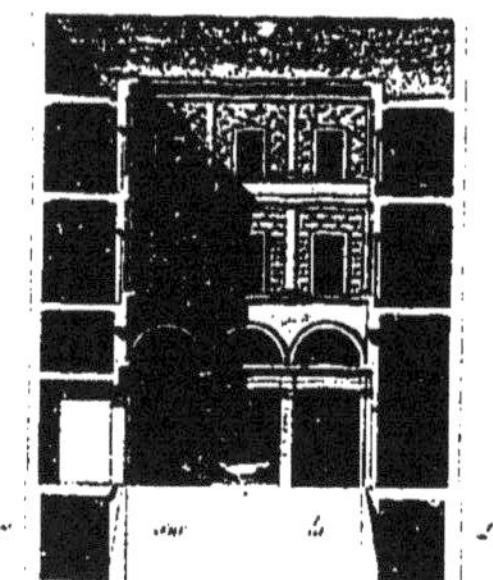

Coupe sur la Ligne

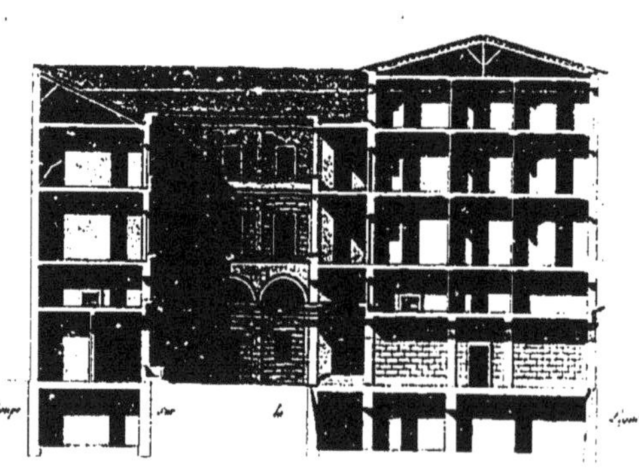

Coupe sur la Ligne

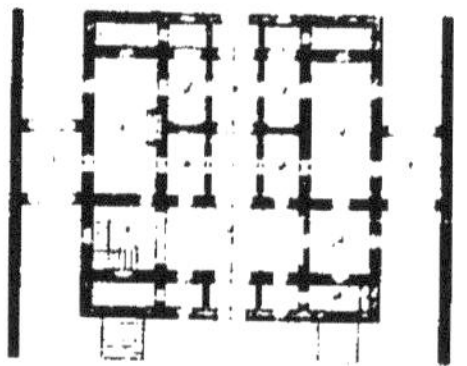

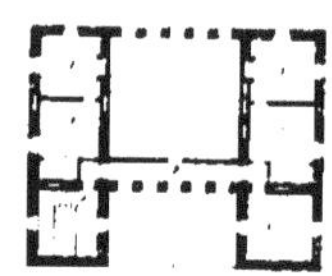

Plan du Rez-de-chaussée

a porte d'entrée.
b cour.
c remise à l'écurie.
d perrons.
e salle à manger.
f salon.
g chambre à coucher.
h cabinet de toilette.
i dégagement, garde-robe et lieux à l'anglaise.

k salle de bains.
l Écurie.
n passages des voitures et du jardin.
o Cour.
p Étable à vaches.

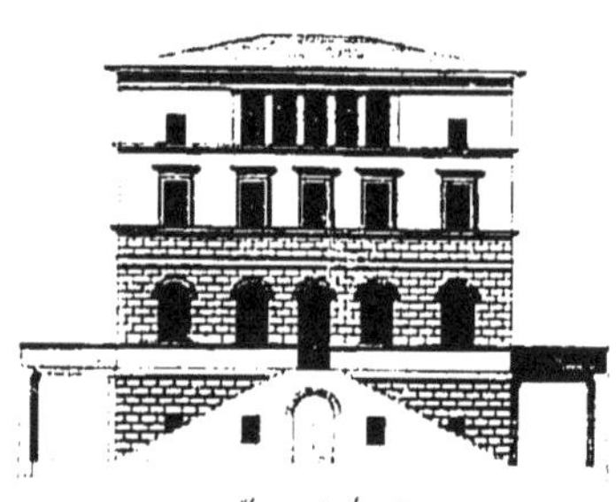

Élévation sur le jardin

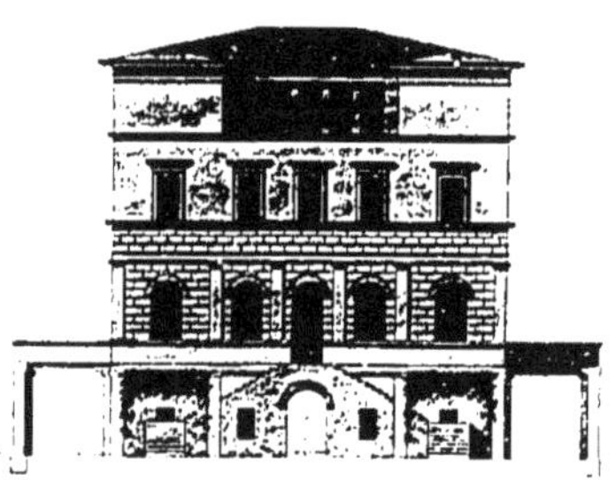

Élévation sur la cour

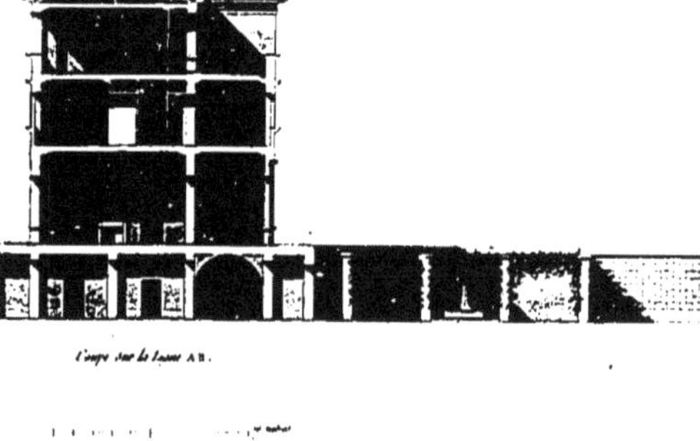

Coupe sur la ligne AB.

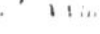

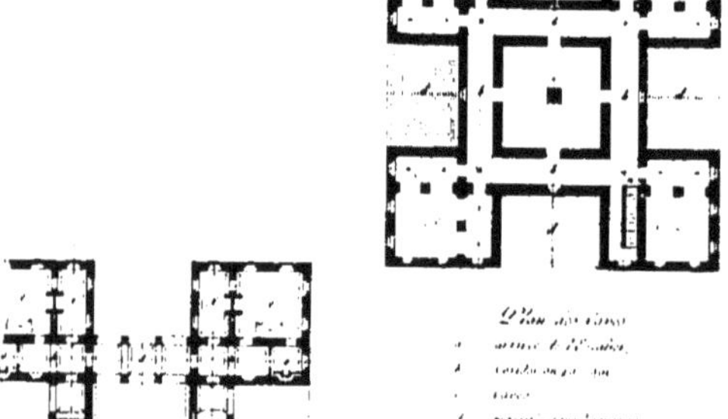

Plan des Caves

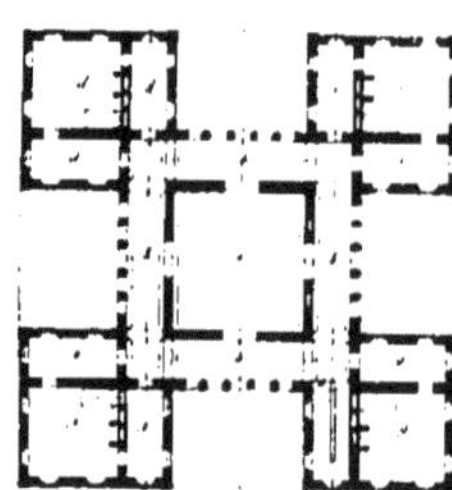

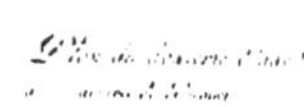

Plan du premier Étage

Plan du second Étage

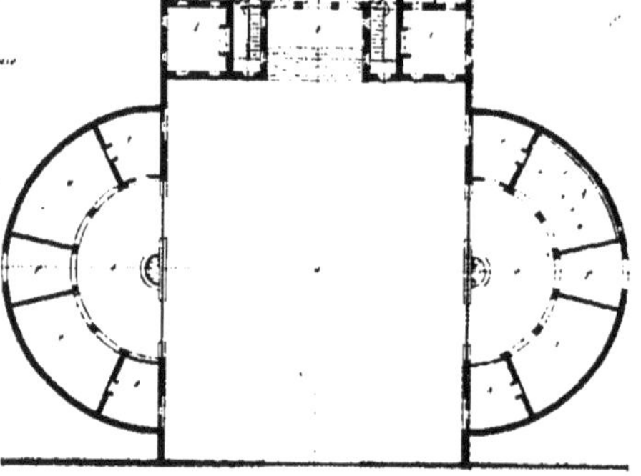

Plan du Rez-de-chaussée

a Cour principale,

b perron,

L. et J. Dubut

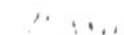

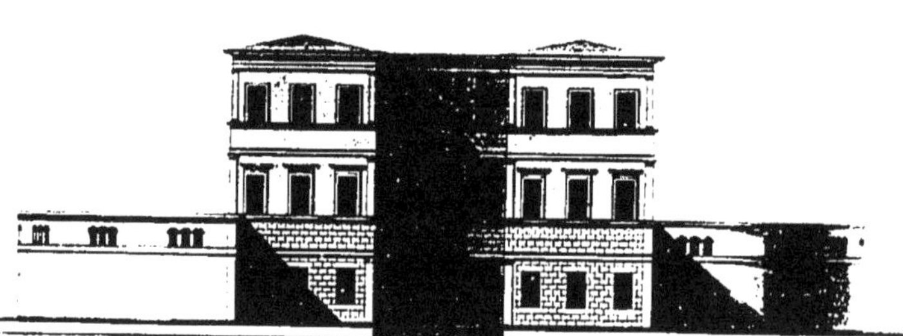

Élévation Générale

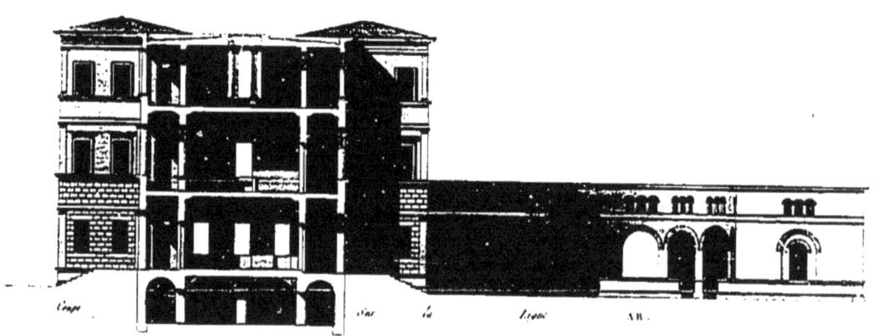

Coupe sur la ligne AB.

[illegible]

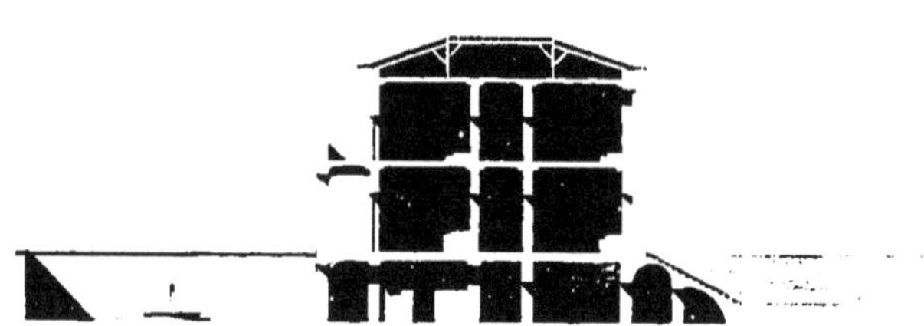

Coupe

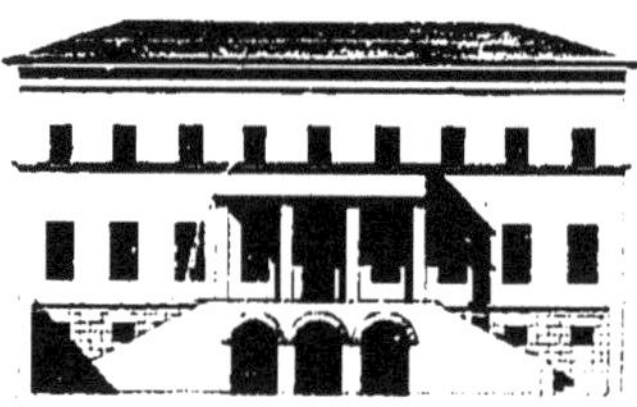

Élévation sur la Cour

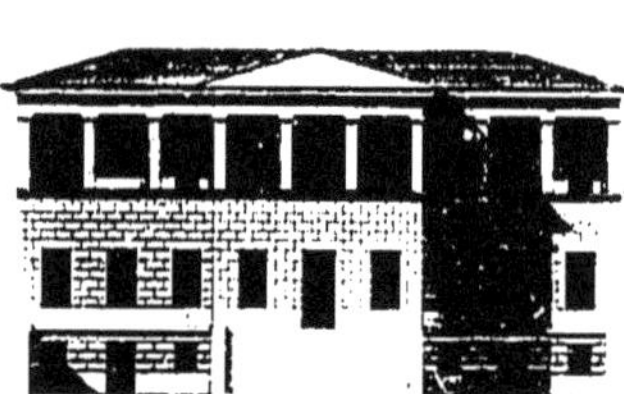

Élévation sur le jardin

Jardin

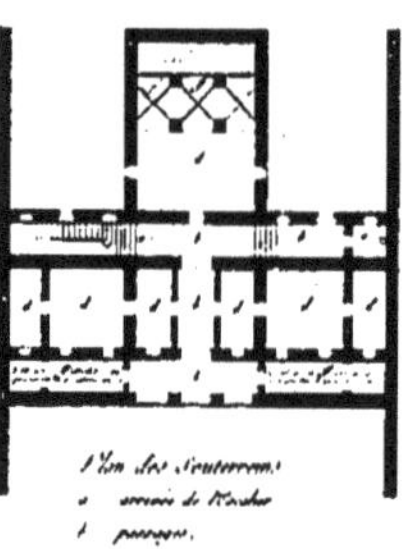

Plan des Souterrains

- a arrivée de l'escalier
- b passages.
- c vestibule
- d caves.
- e communs
- f dessous des perrons

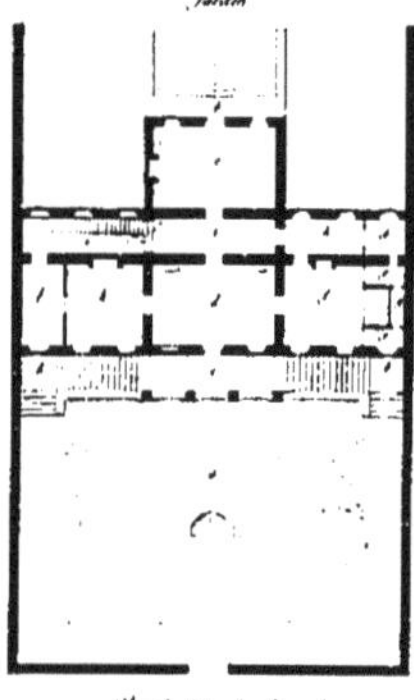

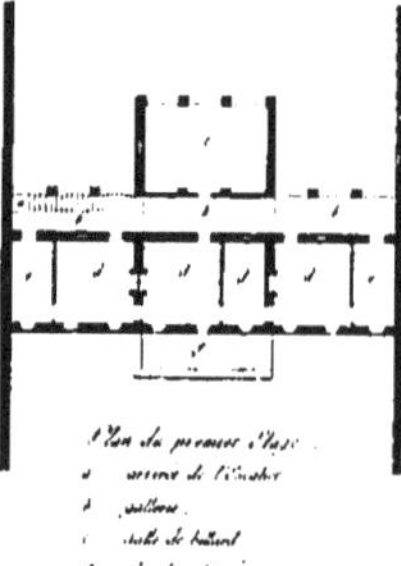

Plan du premier étage

- a arrivée de l'escalier
- b galleries.
- c salle de billard
- d chambres d'amis
- e chambres de domestiques
- f terrasse

Plan du Rez-de-chaussée

a	Cour.	g	garde robes et [illegible]
b	perrons.	h	cabinet de toilette
c	portique.	i	passage
d	salle à manger	j	escalier
e	salon.	k	cuisine
f	chambre à coucher	l	garde-manger.

L. A. Dubut inv.

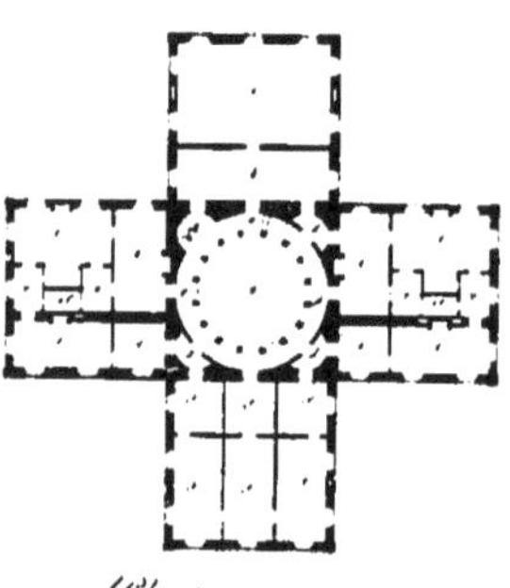

Plan du premier Étage

- a [illegible] de l'escalier
- b anti-chambre.
- c salle de billard.
- d dégagements.
- e logements d'amis.
- f bains à l'anglaise.
- g logements de domestiques
- h [illegible]
- i escalier des combles.
- k [illegible]

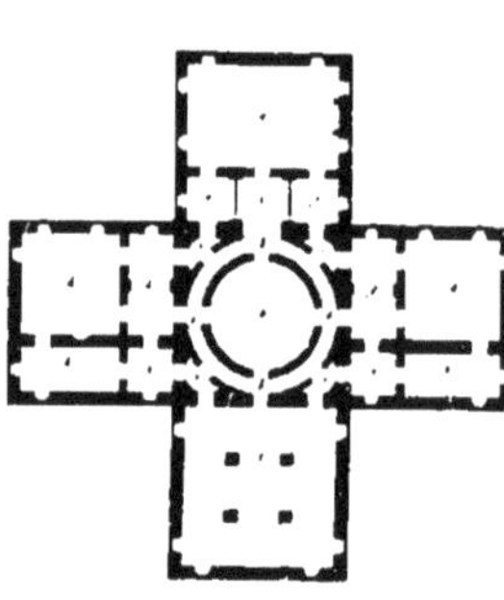

Plan des souterrains

- a [illegible] de l'escalier.
- b [illegible]
- c [illegible]
- d [illegible]
- e [illegible]
- f [illegible]
- g [illegible]
- h [illegible]
- i [illegible]
- j [illegible]

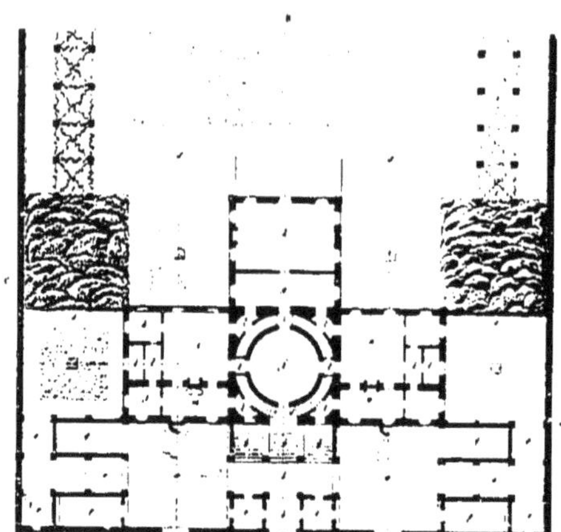

Plan du Rez-de-Chaussée

- a cour.
- b vestibule et passage.
- c loge de portier.
- d escalier.
- e descente de cave.
- f salle à manger.
- g anti-salon.
- h salon.
- i chambre à coucher.
- j cabinet de toilette.
- k boudoir.
- l dégagements et escaliers.
- m salle de bain
- n cabinet de travail et chambre à coucher.
- o passage de [illegible]
- p écuries
- q remises.
- r escalier des [illegible]
- s [illegible]
- t [illegible]

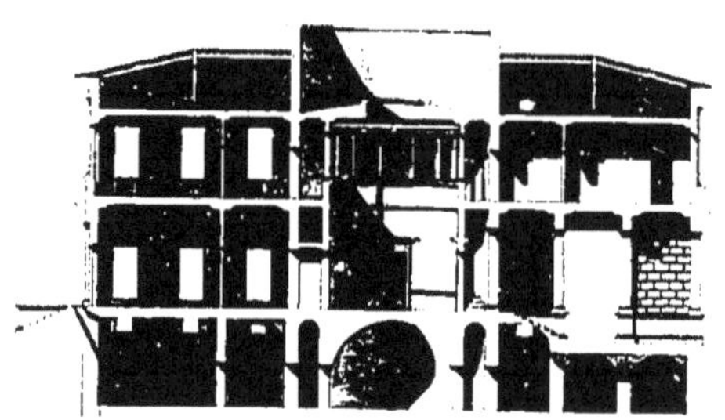

Coupe sur la Ligne AB

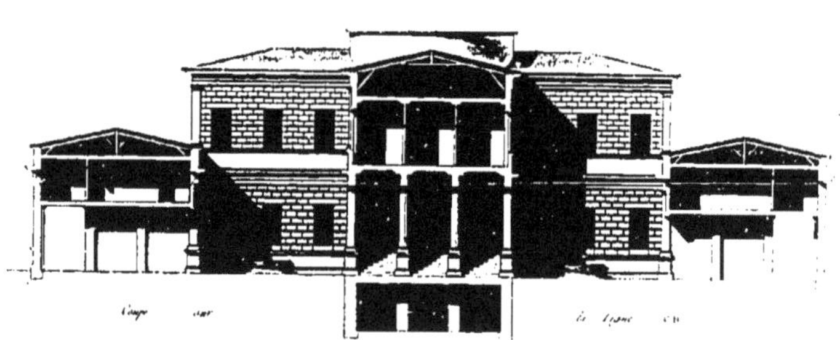

Coupe sur la Ligne CD

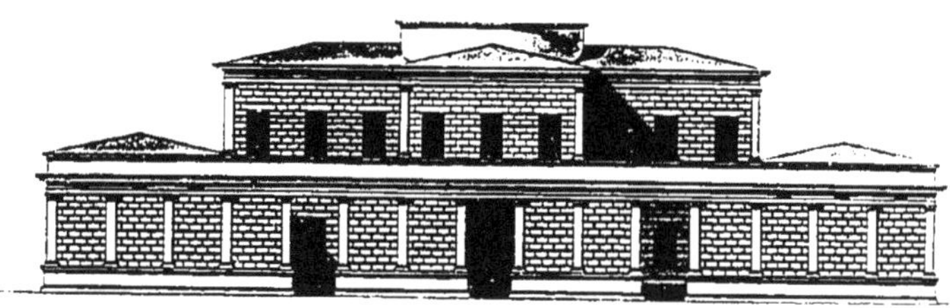

Élévation Géométrale

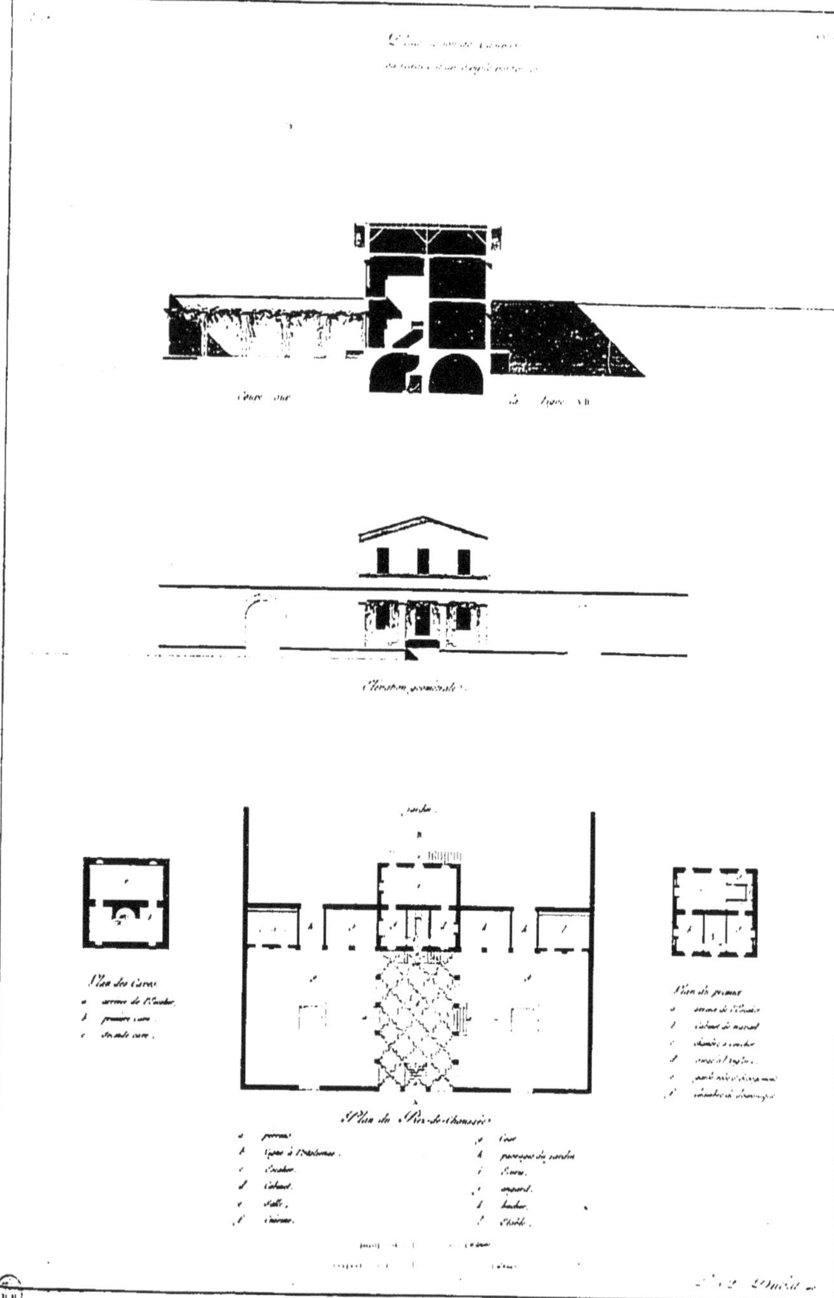

Élévation géométrale.
Plan des Caves.
a arrivée de l'Escalier.
b première cave.
c seconde cave.
Plan du Rez-de-Chaussée.
a perron.
c Escalier.
d Cabinet.
e Salle.
f Cuisine.
g Cour.
h passage du jardin.
i Écurie.
k bûcher.
l Étable.

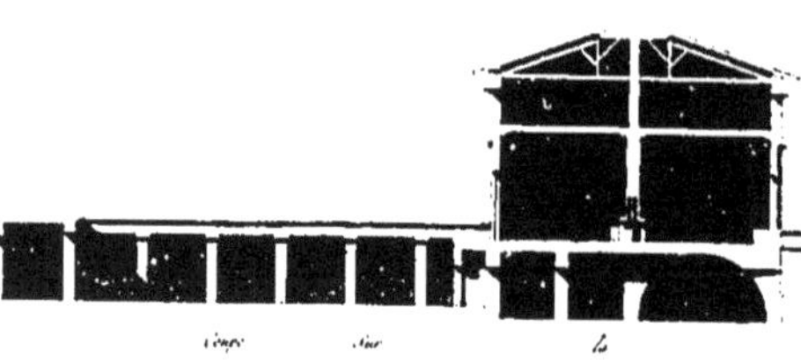

Coupe sur la ligne A B

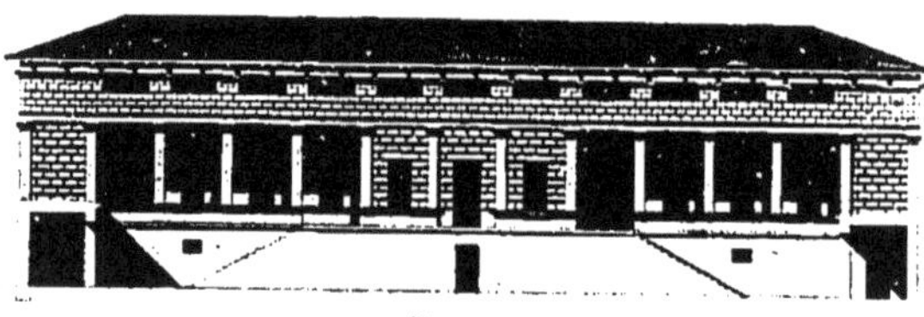

Élévation géométrale

Jardin

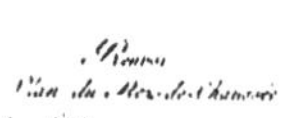

Renvoi
Plan du Rez-de-Chaussée

a Cour
b perron.
c galeries.
d Salle à manger
e Salon.
f chambre à coucher
g garde-robes et anglaise.
h passage
i Cabinet de toilette.
j chambre d'Enfants
k Cuisine.
l chambre de domestiques
m garde-manger.
n chambre d'amis.
o Escalier.
p [illegible]

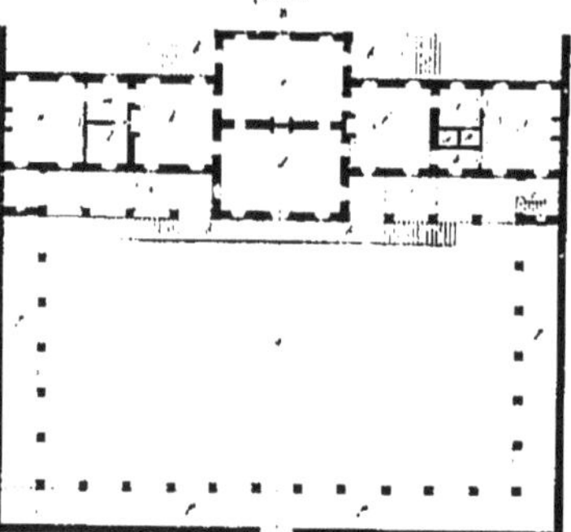

Renvoi
Plan des souterrains

a [illegible]
b passage
c passage du jardin [illegible]
d bucher.
e [illegible]
f caves.
g grande cave
h dessous des perrons
i [illegible]
j Communs
k entrée sur la cour

[illegible]

Plan du Rez-de-chaussée.

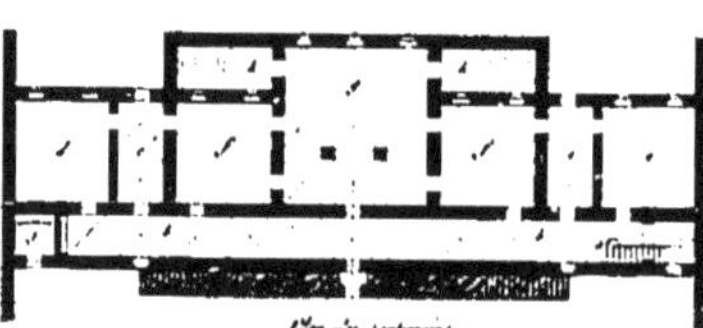

Plan des souterrains.

Echelle des Elévations

Echelle des plans

L. J. Dubut

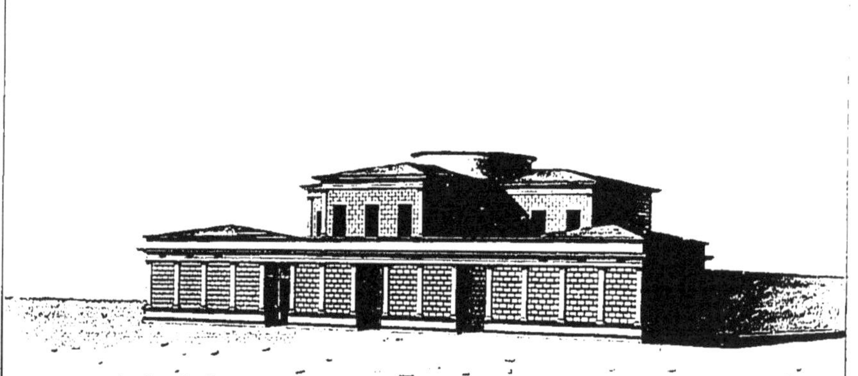

Vue perspective de la Maison N.º 16. Pl. XXVI et XXVII

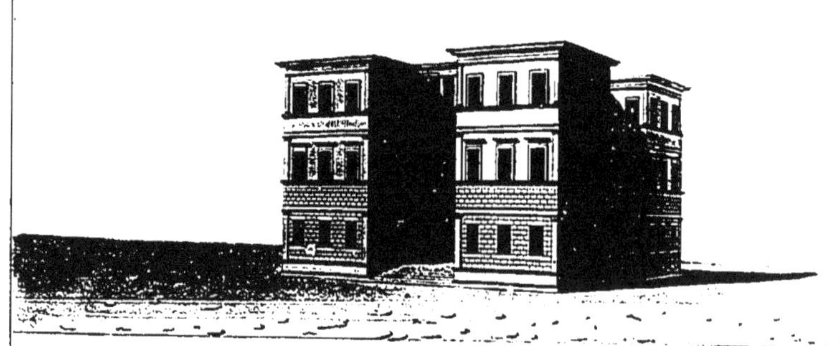

Vue perspective du Côté du jardin, de la Maison N.º 14. Pl. XXIII et XXIV.

L. e J. Dubuc sc.

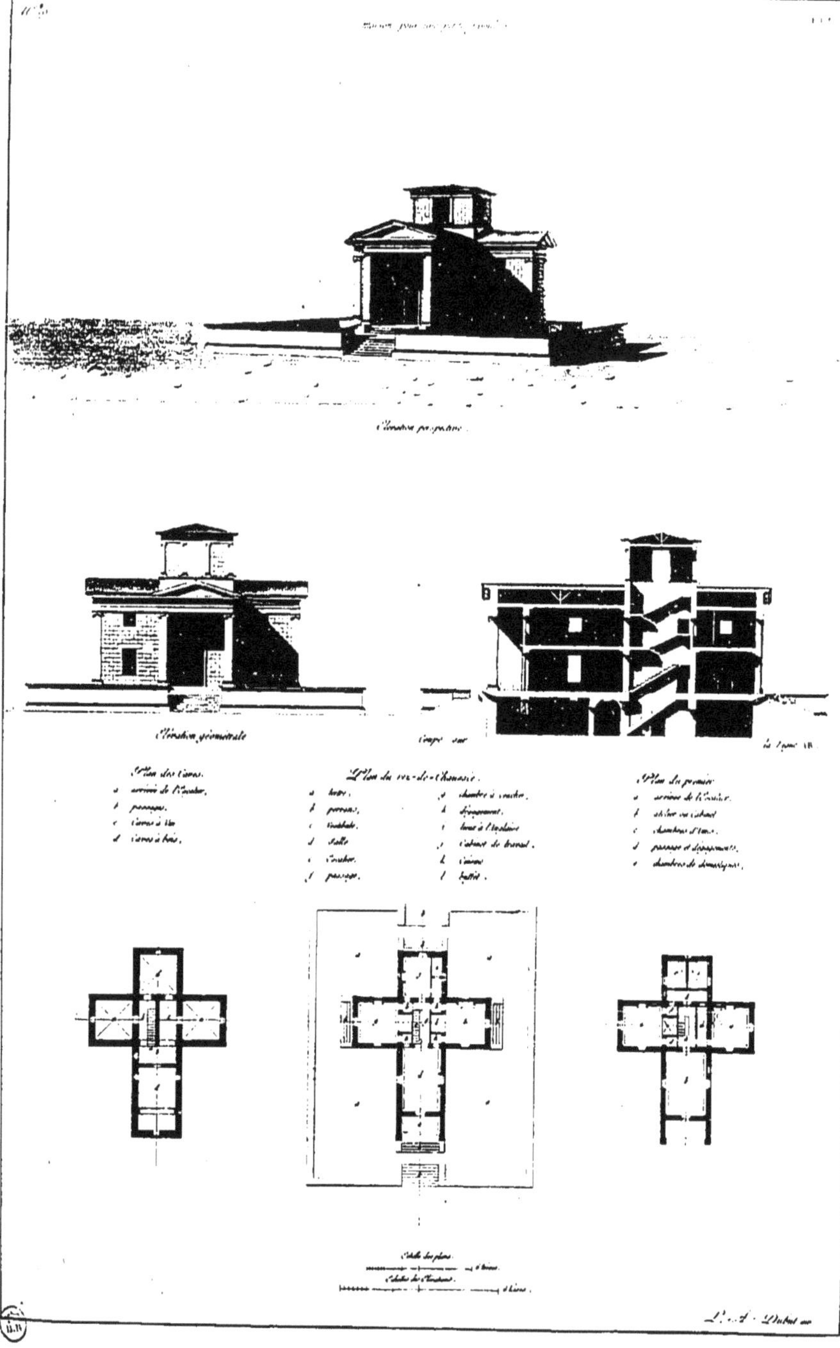
Élévation perspective.
Élévation géométrale
Coupe sur la ligne AB.
Plan des Caves.
Plan du rez-de-Chaussée.
Plan du premier
Échelle des plans.
Échelle des Élévations
L. A. Dubut

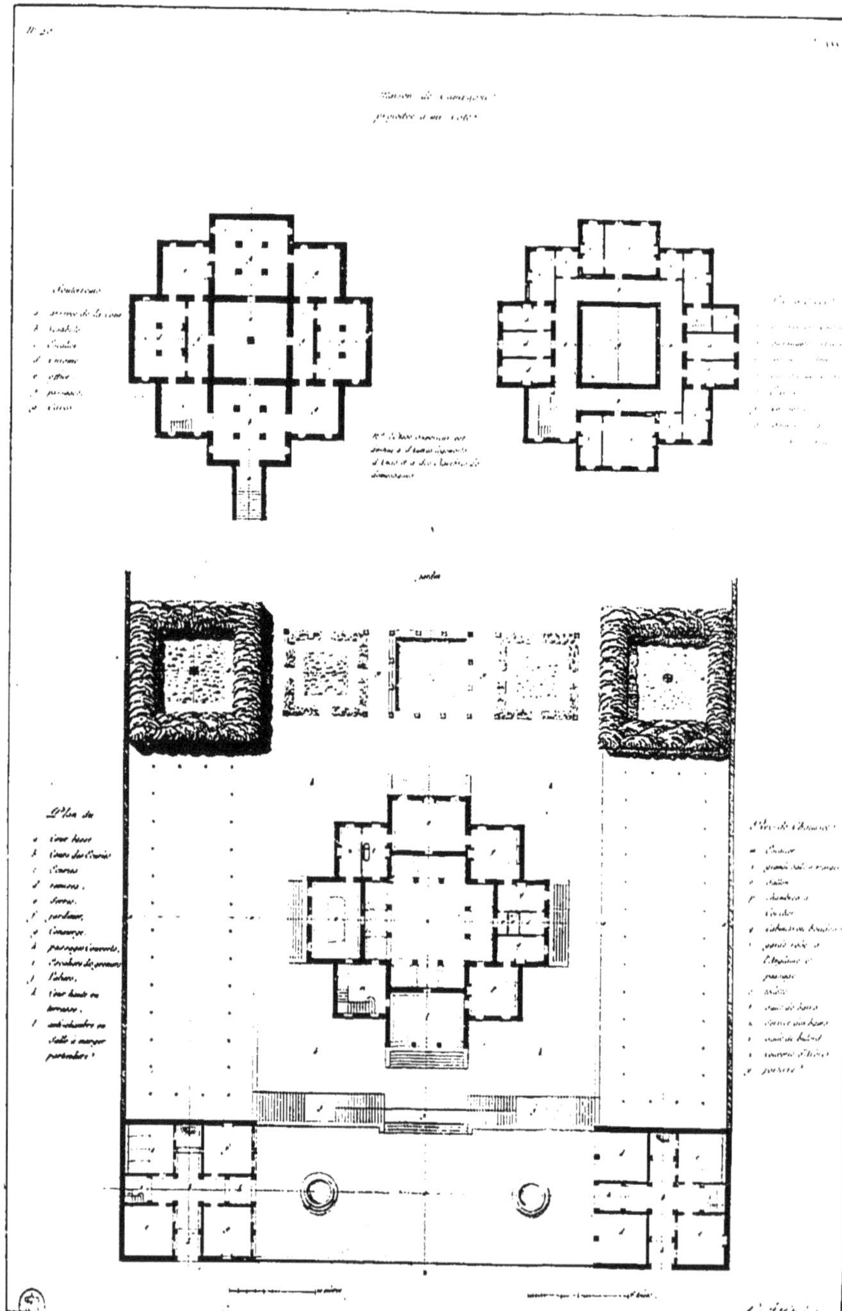
jardin
Plan du
a cour basse
k Cour haute ou terrasse.
l anti-chambre ou Salle à manger particulière

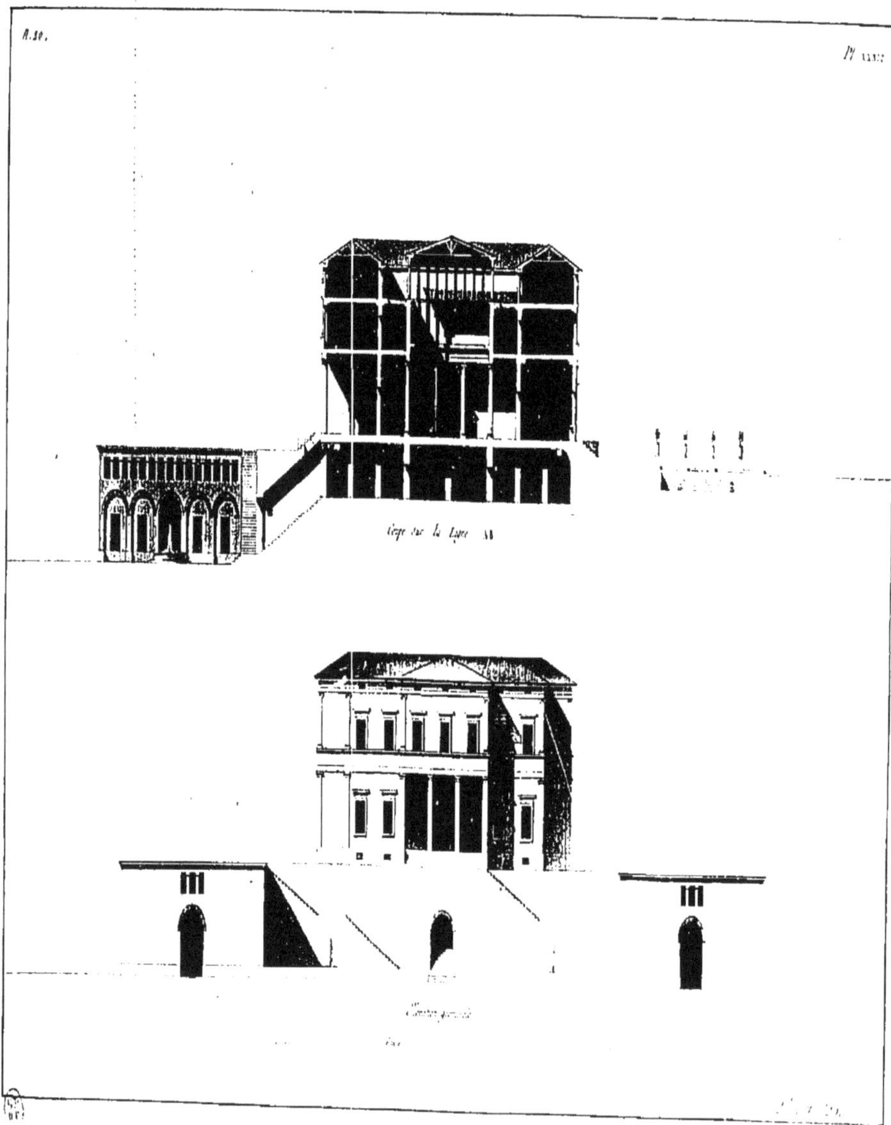

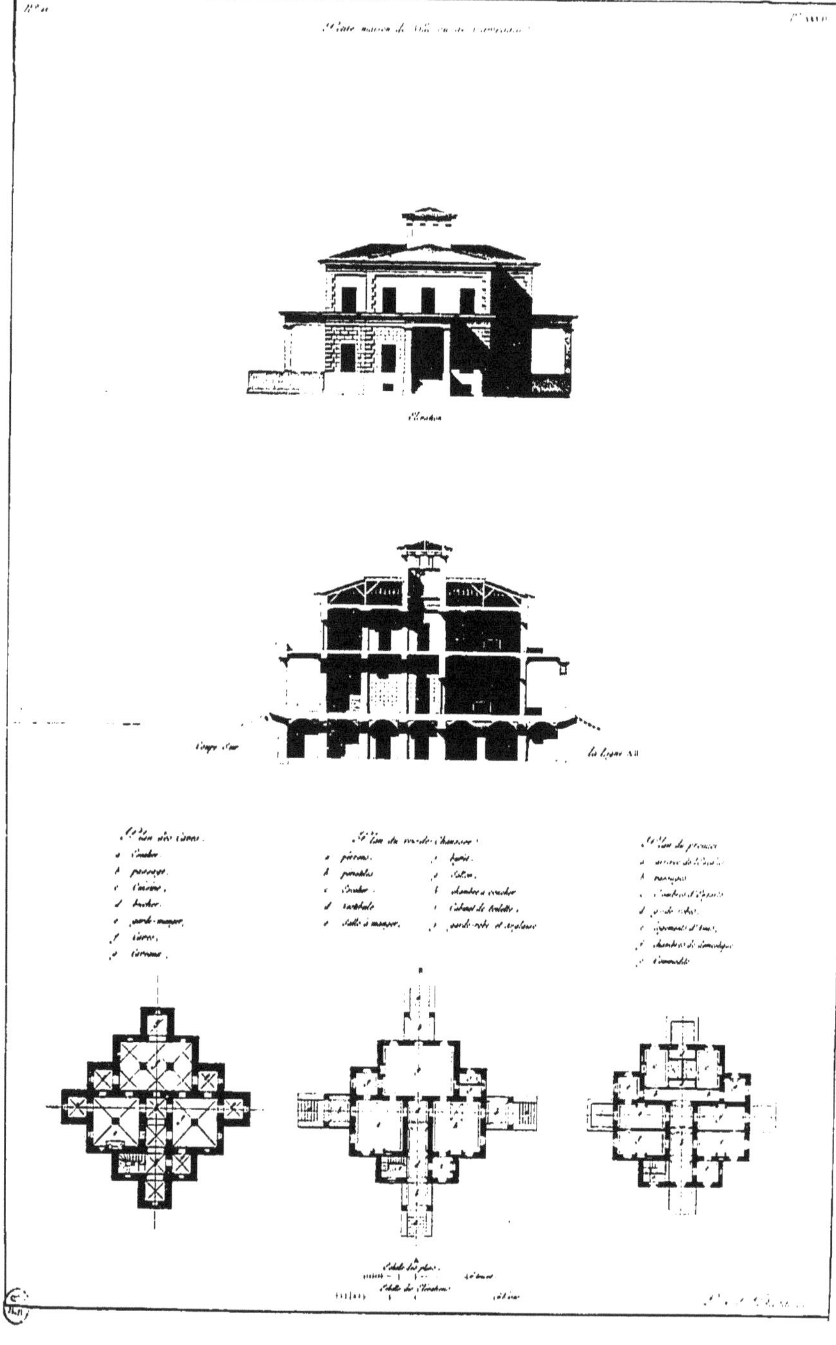

Maison de Ville ou de Campagne

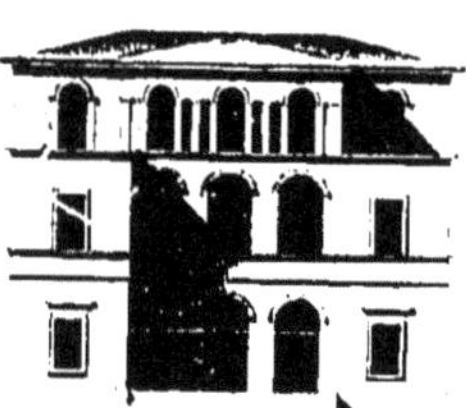

Élévation géométrale du Côté de la Cour

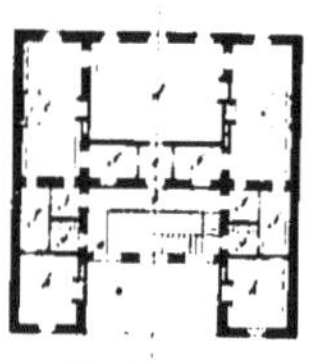

Plan du premier Étage

a arrivée de l'Escalier.
b palier.
c passage.
d salon.
e chambres à coucher.
f garde-robes et dégagements.
g lieux à l'anglaise.
h grand Cabinet.

Renvoi du rez-de-chaussée.

a perron.
b vestibule et escalier.
c salle à manger.
d chambres d'amis ou de maîtres.
e garde-robe et passage.
f lieux à l'anglaise.
g salle de bains.
h cuisine.

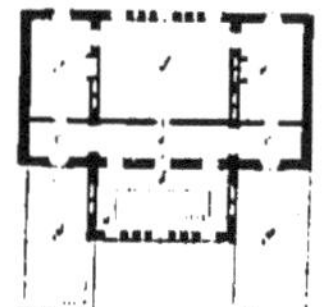

Plan du deuxième Étage

a arrivée de l'Escalier.
b palier.
c passage ou galerie.
d salle de billard.
e chambre de domestique ou d'amis.
f autre chambre d'amis.
g terrasse.

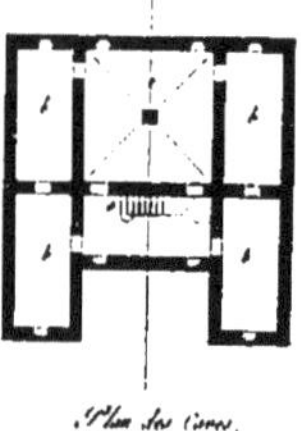

Plan des Caves.

Renvoi des Caves.

a Escalier.
b petites Caves.
c grande Cave.

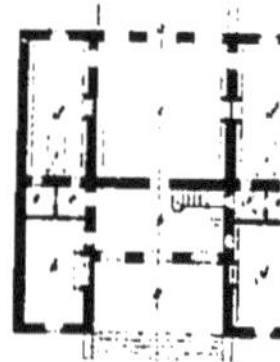

Plan du rez-de-chaussée.

Échelle des plans.

Échelle des Élévations.

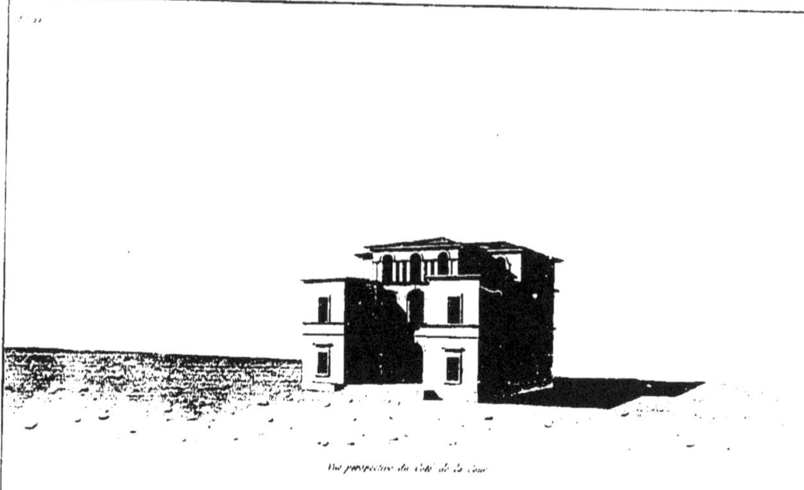

Vue perspective du côté de la cour

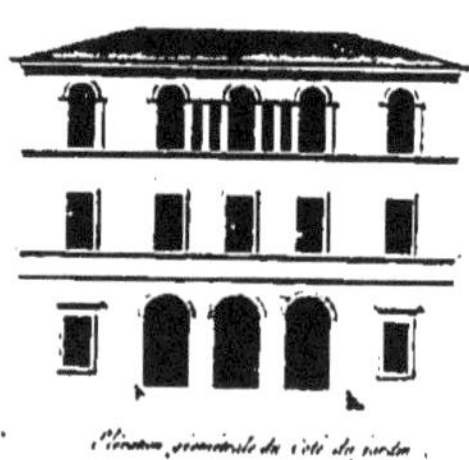

Élévation géométrale du côté du jardin

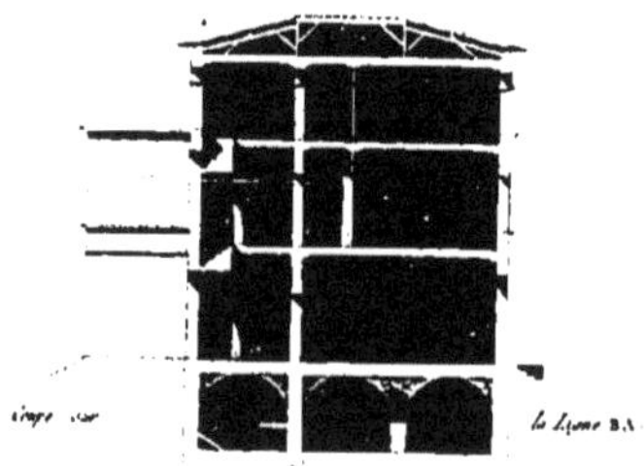

Coupe sur la ligne B.A.

L. A. Dubut inv.

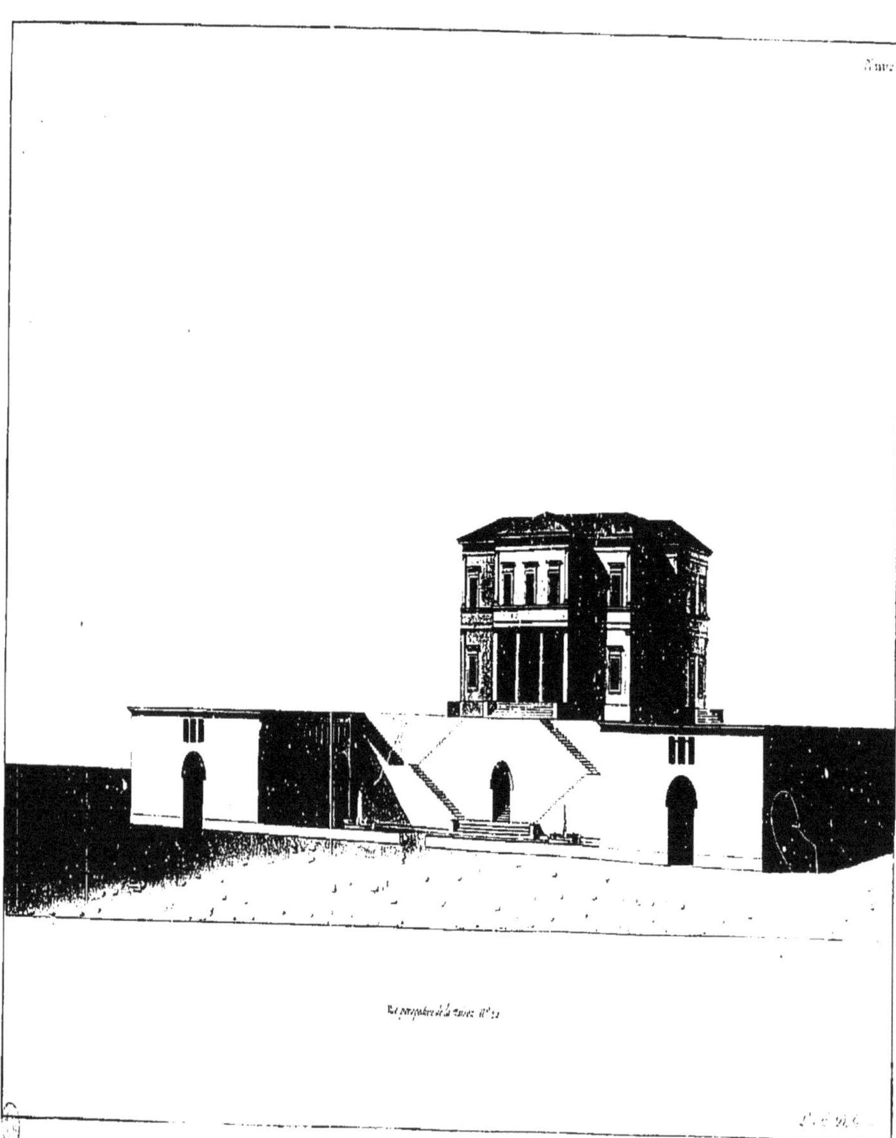

Vue perspective de la maison N° 12

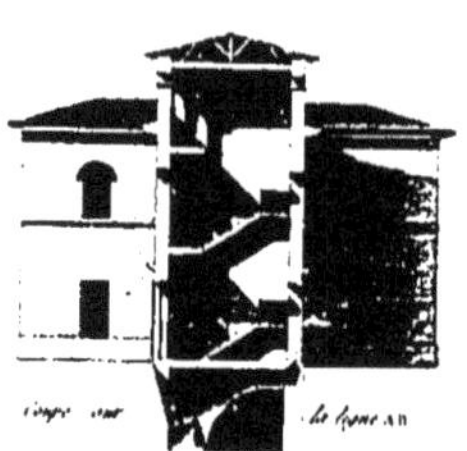

Coupe sur la ligne AB

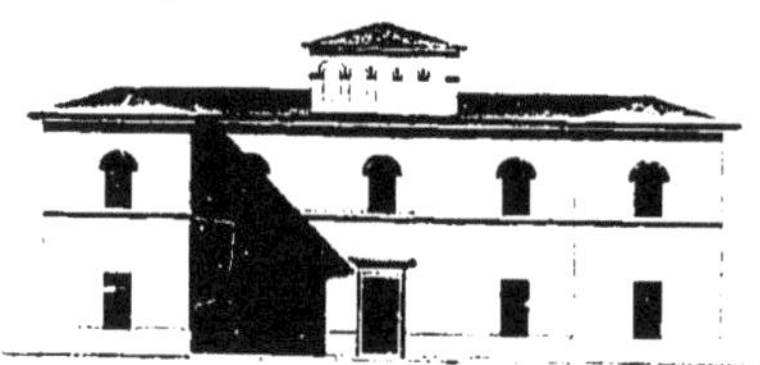

Élévation principale.

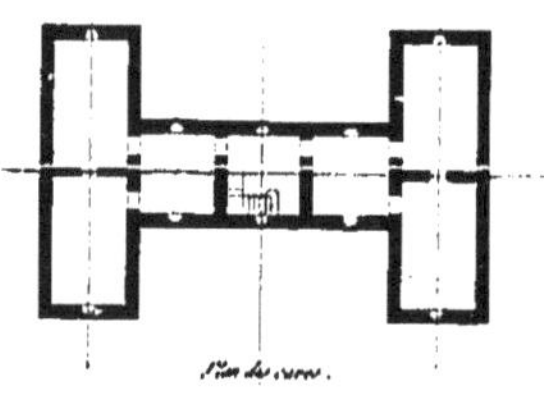

Plan des caves.

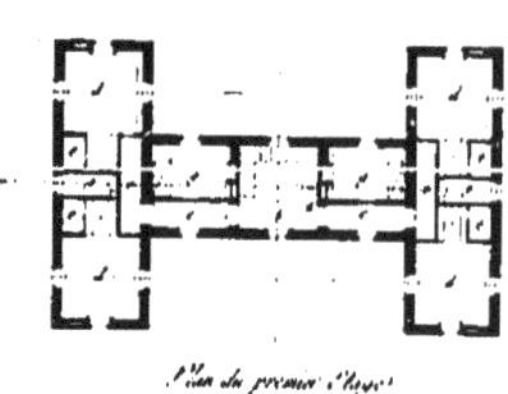

Plan du premier étage.

Plan du rez-de-chaussée.

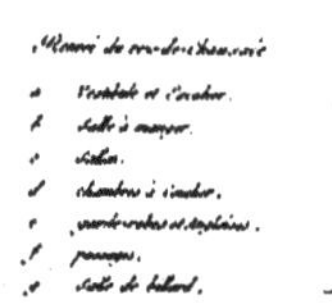

Renvoi du rez-de-chaussée

a Vestibule et l'escalier.
b Salle à manger.
c Salon.
d Chambres à coucher.
e Garde-robes et anglaises.
f Passages.
g Salle de billard.
h Cuisine.

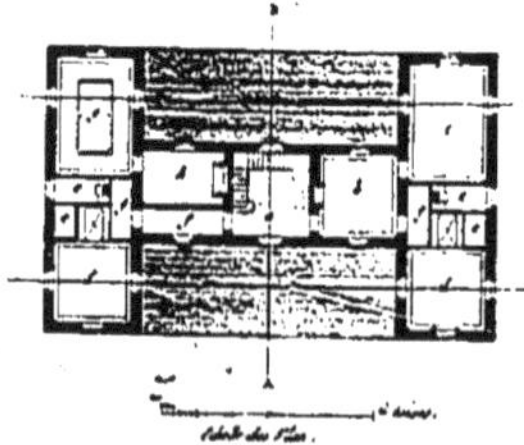

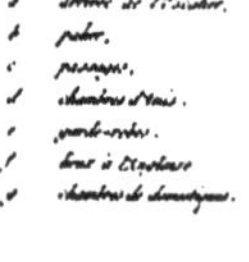

Renvoi du premier étage.

a arrivée de l'escalier.
b palier.
c passages.
d chambres d'amis.
e garde-robes.
f bous à l'anglaise
g chambres de domestiques.

Échelle des Plans. 6 toises.

Échelle des Élévations. 6 toises.

L. L. Dubut

N° 24

Deux maisons [illegible]
[illegible] terrasse au premier étage.

Renvois du Plan du premier étage.
a [illegible]
b [illegible]
c anti-chambres.
d salles à manger.

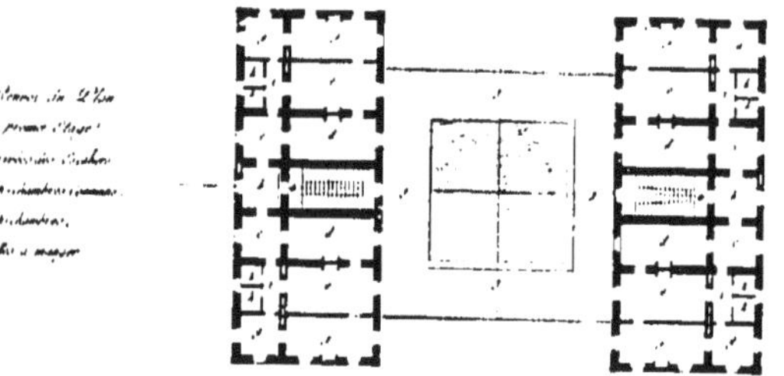

e [illegible]
f [illegible]
g [illegible]
h [illegible]
i [illegible]
j [illegible]

Plan du premier étage.

Plan du rez-de-chaussée.

Plan du rez-de-chaussée.
a perron.
b portique.
c escaliers.
d paliers.
e anti-chambres.
f salles à manger.
g salons.
h chambres à coucher.
i cabinets de toilette.
j boudoirs.
k garde-robes et [illegible]
l dégagements.
m salles de bains.

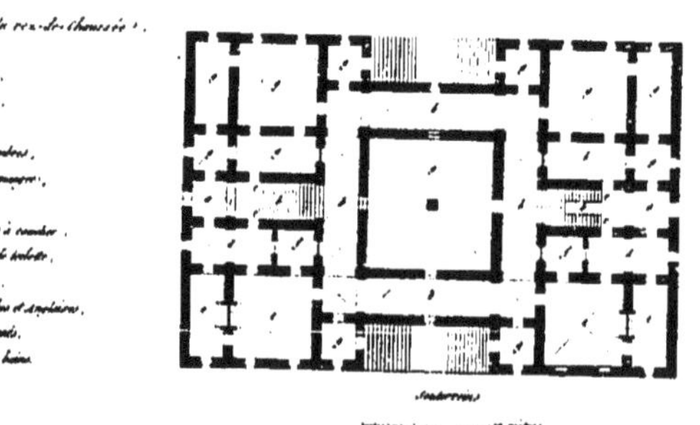

n [illegible]
o [illegible]
p passages et escaliers.
q [illegible]
r portiers.

Plan des souterrains.
a vestibules.
b passages.
c escaliers.
d entrées.
e cuisines et offices.
f garde-manger.
g caves et [illegible]

Souterrains.

[illegible] mètres.

[illegible] toises.

L. A. Dubut inv.

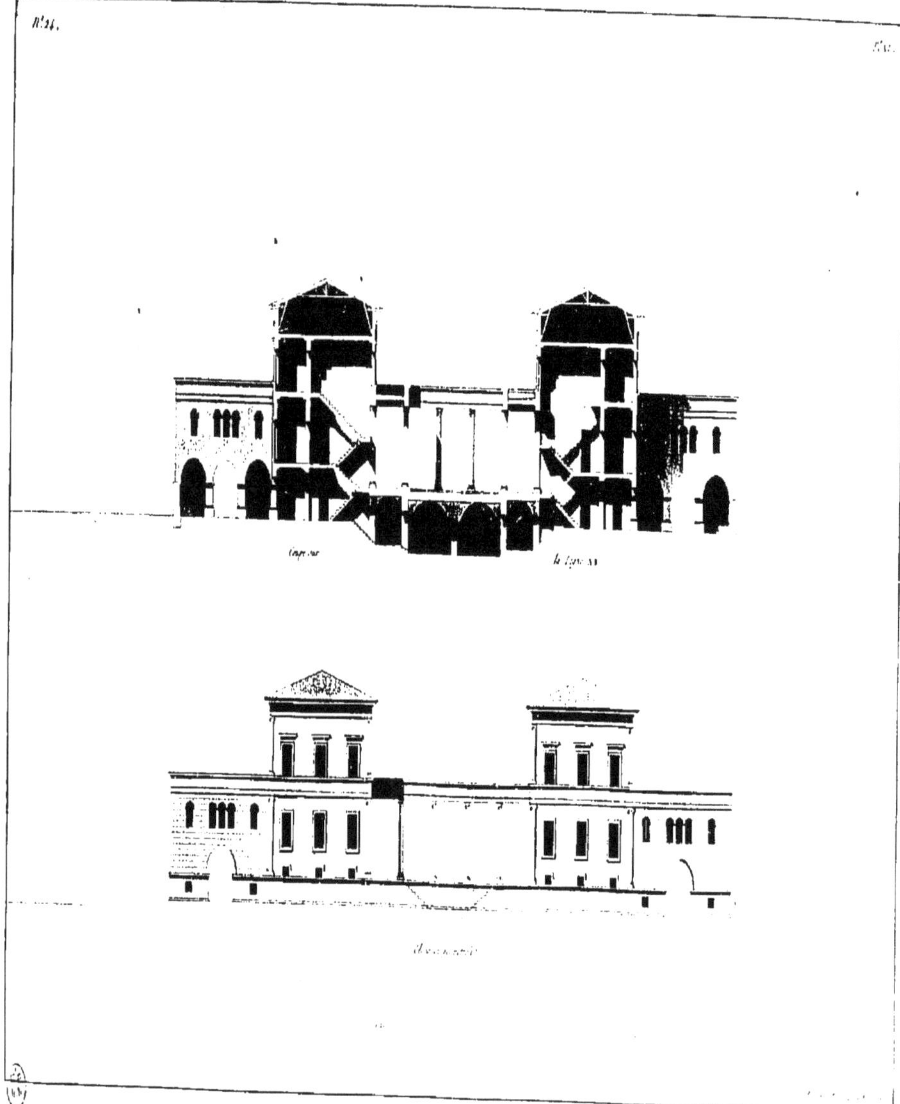

N° [illegible]

Maison ayant quatre corps de logis devant
convenir à quatre amis ou à une famille réunie

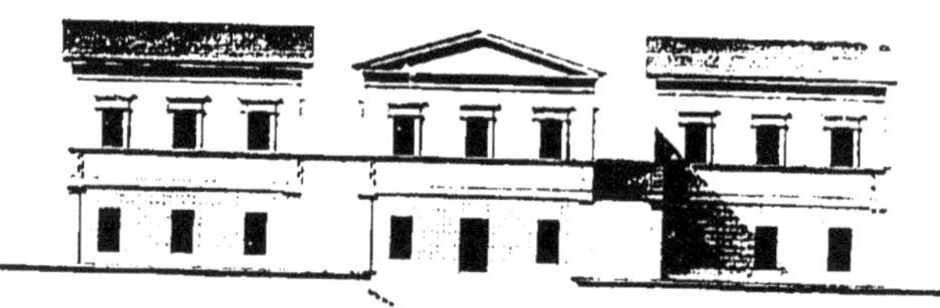

Élévation géométrale

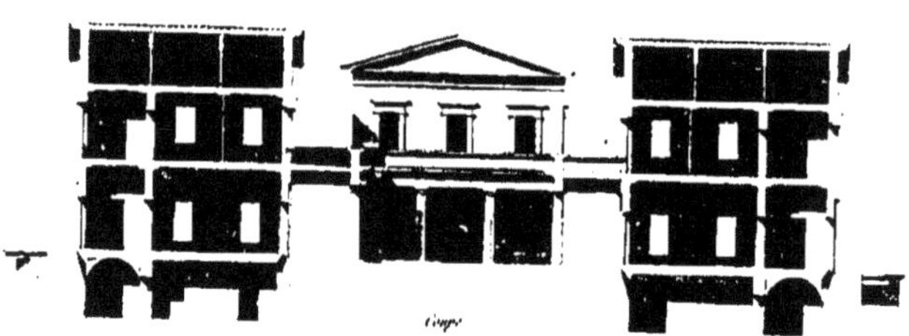

Coupe

Renvoi

A Plan du rez-de-chaussée.
a perron.
b terre.
c portiques.
d Cour.
e Vestibule.
f Escalier.
g Cuisine.
h Salle à manger.
i Cabinet.

B autre plan de rez-de-chaussée
j Vestibule
k Cuisine
l Salle à manger.
m Sallon.
n Chambre à Coucher.

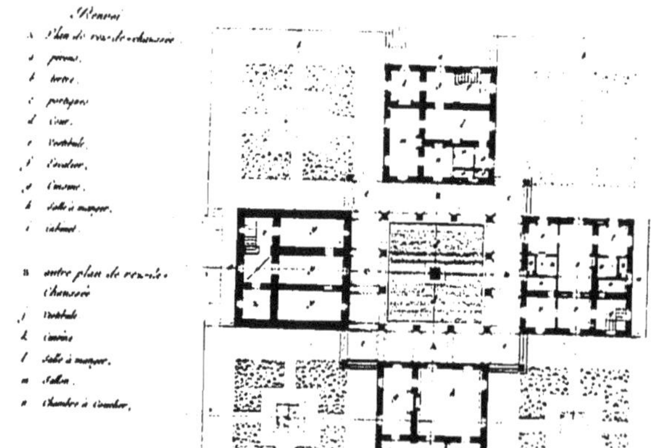

Suite du Renvoi
o garde-robe, cabinet et bains à l'anglaise
p Escalier

D Plan du premier étage
q Escalier.
r anti-chambre
s Sallon.
t chambre à coucher.
u Cabinet de toilette et Anglaise.
v chambre de domestique.

C Plan des caves.
x Escalier
y caves.
[illegible] caveaux.

Echelle des Plans
Echelle des Élévations

L. L. Dubut inv.

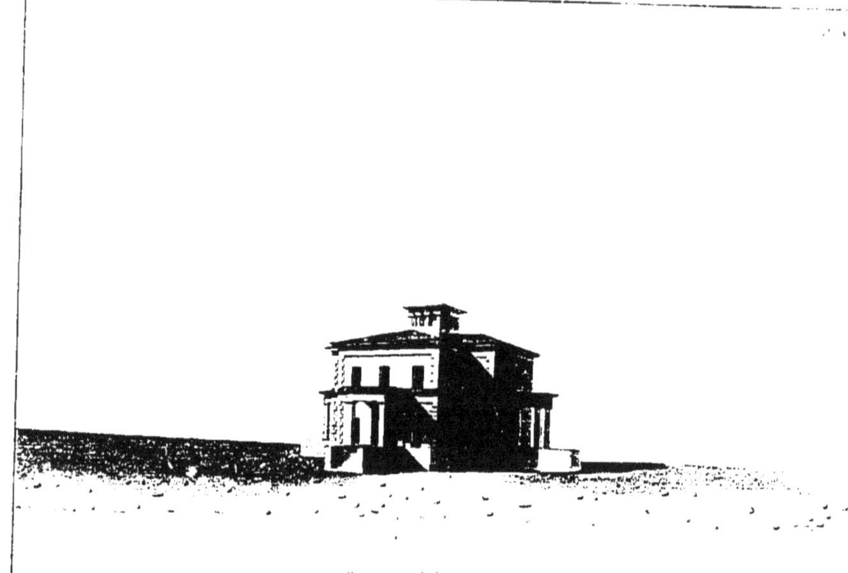

Vue perspective de la Maison N.° 41.

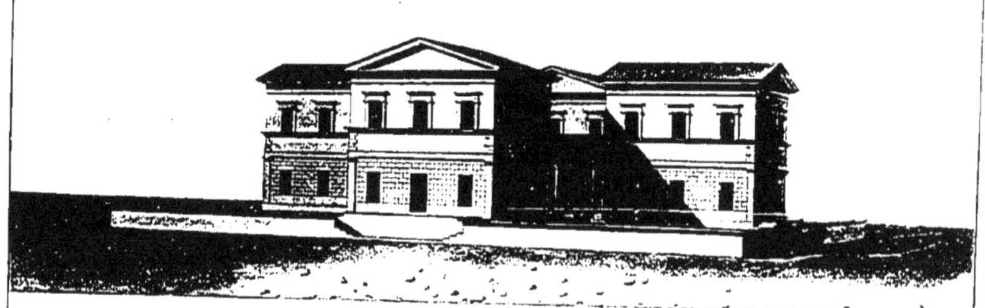

Vue perspective de la Maison précédente.

L. L. Dubut inv.

Petite maison de Campagne entre cour et jardin
[illegible]

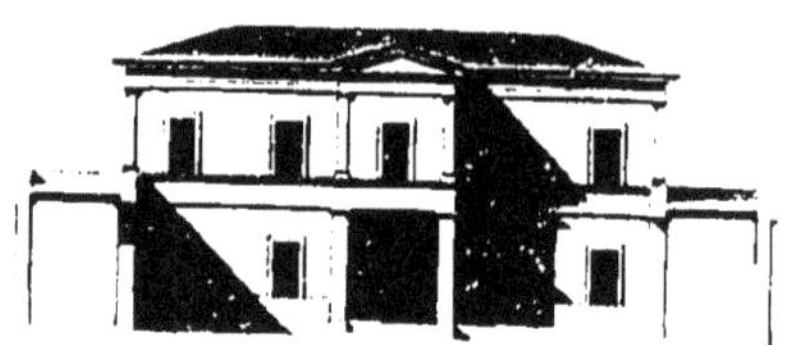

Élévation sur la ligne C D.

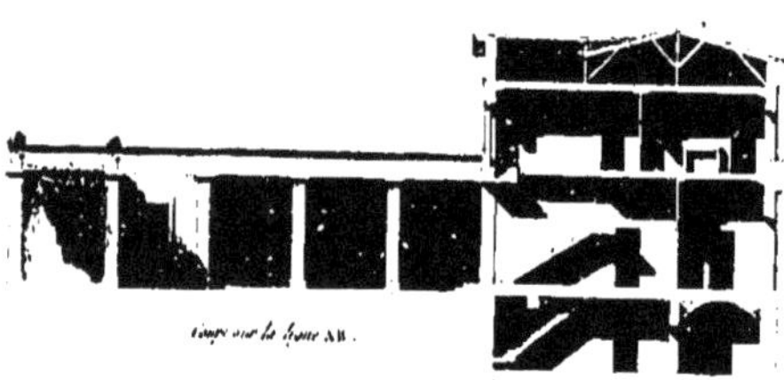

Coupe sur la ligne A B.

Plan des Caves.

Plan du rez-de-chaussée.

Plan du premier Étage.

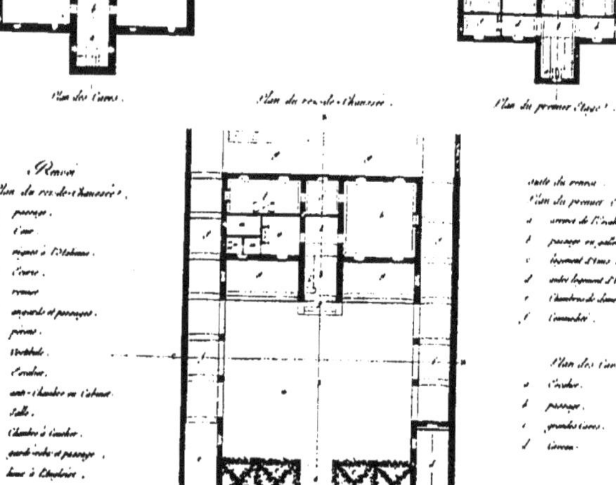

Renvoi

Plan du rez-de-chaussée.

- a passage.
- b Cour.
- c [illegible] à l'Habitant.
- d Écurie.
- e remise
- f magasins et passages.
- g perron.
- h Vestibule.
- i Escalier.
- j anti-chambre ou Cabinet.
- k Salle.
- l Chambre à Coucher.
- m garde-robe et passage.
- n lieux à l'Anglaise.
- o Cuisine.

Suite du renvoi.

Plan du premier Étage.

- a arrivée de l'Escalier
- b passage ou galerie
- c logement d'Amis.
- d autre logement d'Amis
- e Chambres de Domestiques.
- f Commodité.

Plan des Caves.

- a Escalier.
- b passage.
- c grandes Caves.
- d Caveau.

6 toises.

Échelle des Plans.

Échelle des Élévations.

L. A. Dubut

N.° 37.

Maison de ville ou de campagne [illegible]

principal corps de logis entouré de portiques.

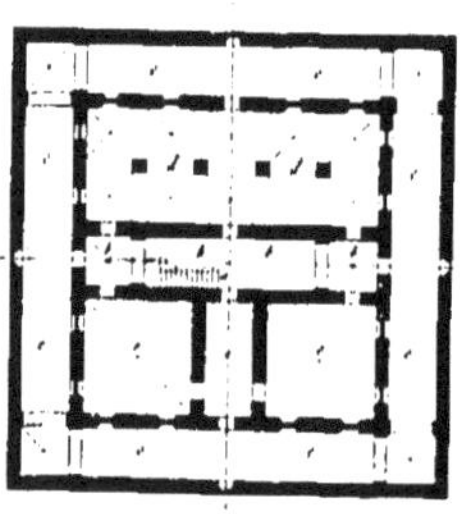

Plan des Souterrains.

N.ª la coupe indique un étage supérieur dans lequel seront aussi salle de billard, des logements, de domestiques et de femmes de chambre ainsi que d'autres pièces de service.

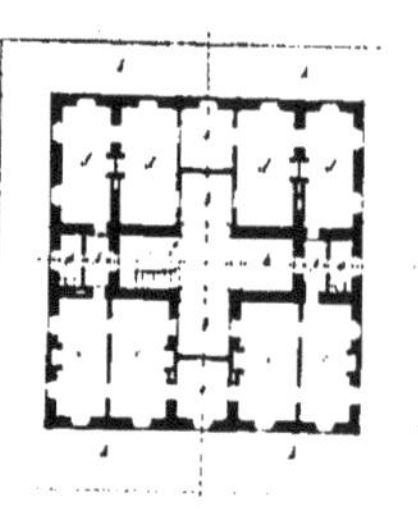

Plan du premier Étage.

Renvoi

Plan du rez-de-chaussée.

- a salle d'entrée.
- b cour.
- c logement de portier.
- d logement de jardinier.
- e escaliers des greniers des chambres de domestiques.
- f écurie.
- g remises.
- h hangard.
- i cuisine.
- j portiques.
- k vestibule.
- l escalier.
- m anti-chambre ou passage.
- n salle à manger.
- o cabinet de toilette.
- p salon.
- q chambre à coucher.
- r garde-robe et dégagement.
- s bains à l'anglaise.

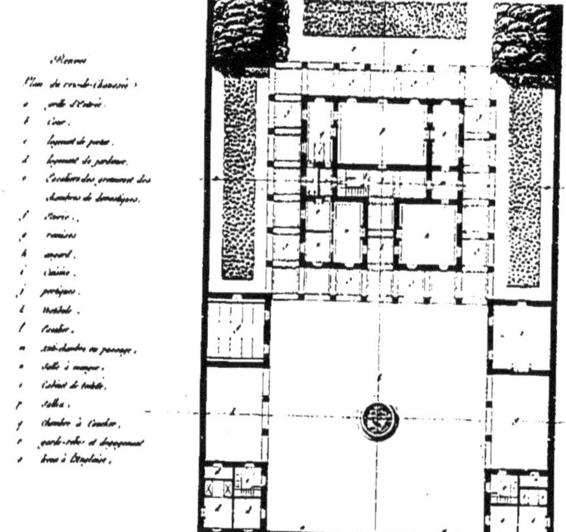

Plan du rez-de-chaussée.

10 mètres.

5 toises.

Suite du renvoi

- t cabinet de toilette
- u boudoir.
- v salle de bain
- x jardin

Plan du premier

- a arrivée de l'escalier.
- b vestibule.
- c logements d'amis.
- d autres logements d'amis.
- e anti-chambres communes ou chambres de domestiques.
- f garde-robes et dégagements.
- g bains à l'anglaise
- h terrasse.

Plan des Souterrains

- a arrivée de l'escalier.
- b passage
- c passages ou caves.
- d cave à bois.
- e caves à vin

L. A. Dubut

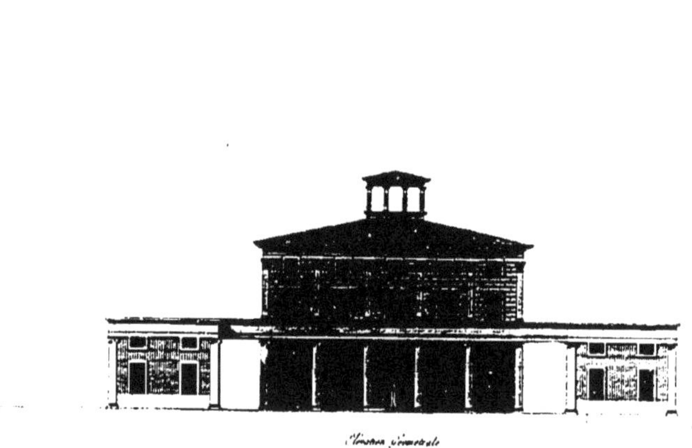

Élévation géométrale

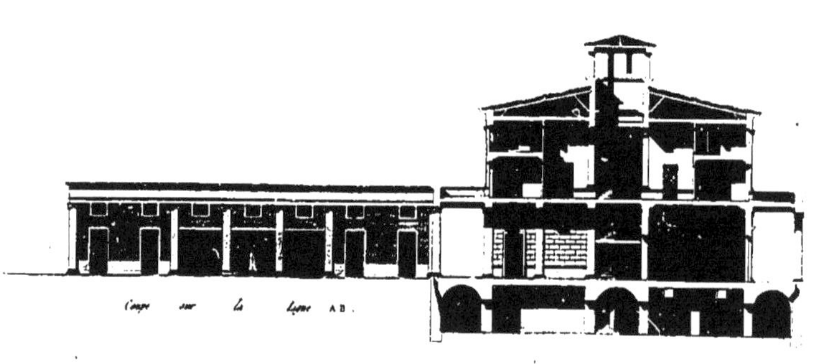

Coupe sur la ligne A B.

L. A. Dubut

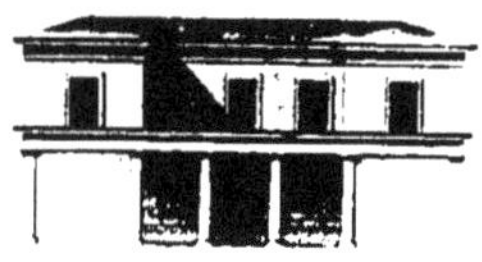

Élévation Générale.

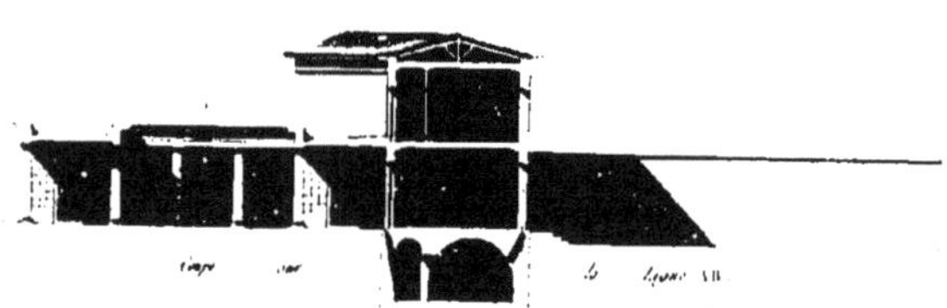

Coupe sur la Ligne AB

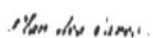

Plan des Caves.

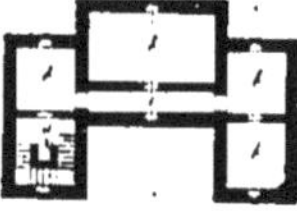

Plan du rez-de-Chaussée.

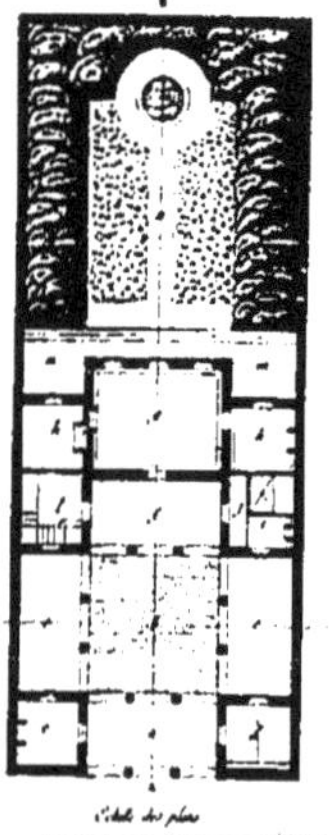

Échelle des plans

Échelle des Élévations

Plan du premier.

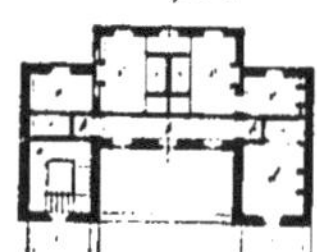

Renvoi.

Plan des Caves.

a arrivée de l'Escalier.
b Caves.
c passage.

Plan du rez-de-Chaussée.

a péristile.
b cour.
c portier.
d Écurie.
e angards
f Vestibule.
g Salle.
h chambre à coucher.

Suite du renvoi

i bains à l'Anglaise
j dégagement.
k Cuisine.
l Escalier.
m pièces.
n jardin avec parterre, bassin et bosquet d'arbres.

Plan du premier.

a Escalier.
b passage.
c logements d'amis.
d chambre d'enfant.
e chambres de domestiques.

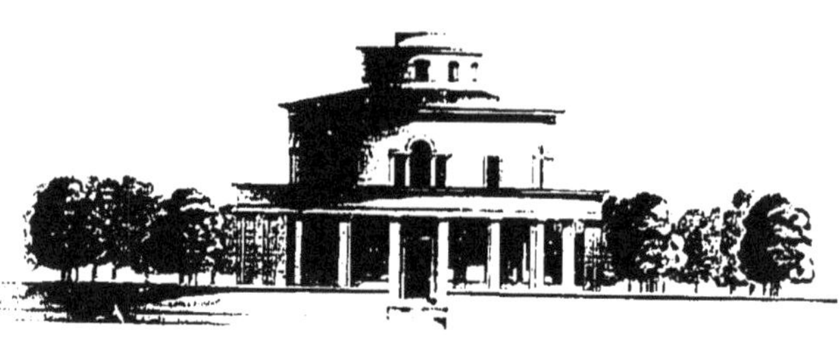

Élévation

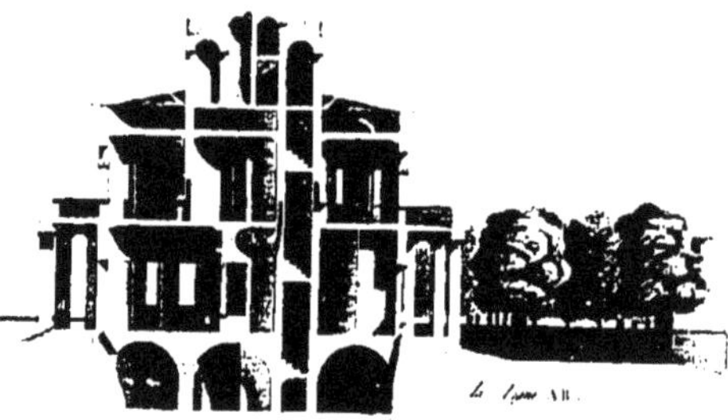

Coupe sur la ligne AB

Plan des Caves.

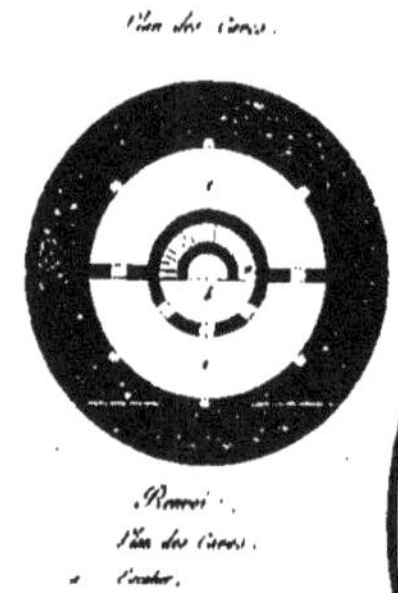

Plan du rez-de-Chaussée.

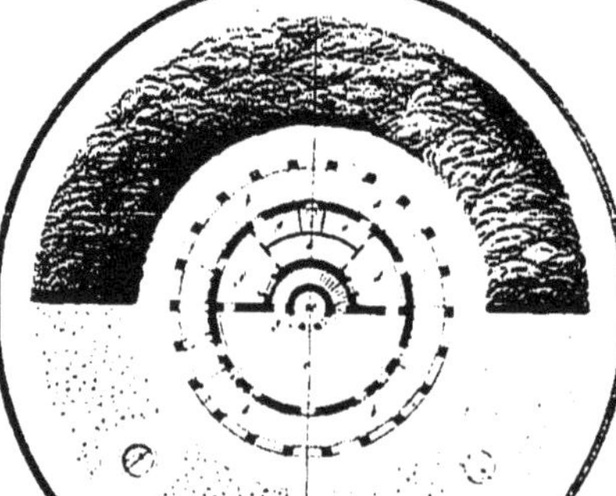

Échelle des plans. 6 toises

Échelle des Élévations. 6 toises

Plan du premier Étage.

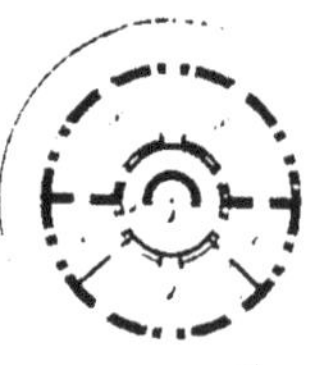

Renvoi.

Plan des Caves.

a Escalier.
b Entrée.
c Caves.
d terre plein.

Plan du rez-de-Chaussée.

a porte d'Entrée.
b portique.
c salle ou laboratoire.
cc Cheminée.
d Cabinet de travail
e arrière-Cabinet.

Suite du renvoi.

f Cuisine.
g garde-manger.
h dégagement.
i lieux d'aisance.
j Escalier.

Plan du premier

a terrasse de l'Escalier
b palier.
c anti-chambre.
d Chambre à coucher
e Chambre de domestique.
f Bibliothèque.

L. F. Dubut

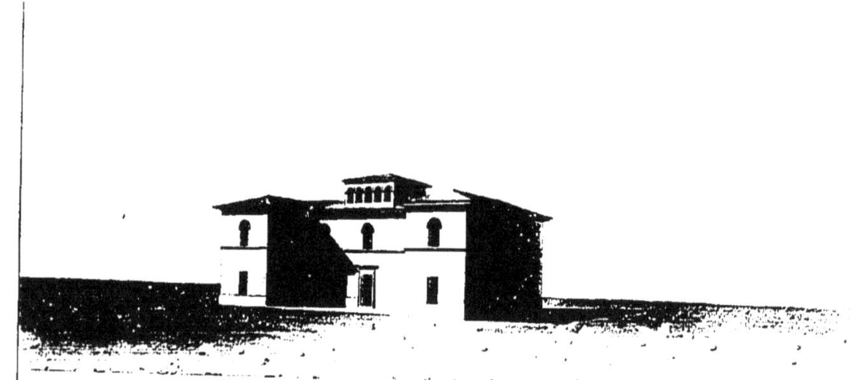

Vue perspective de la maison N° 24. Pl. XXXVIII.

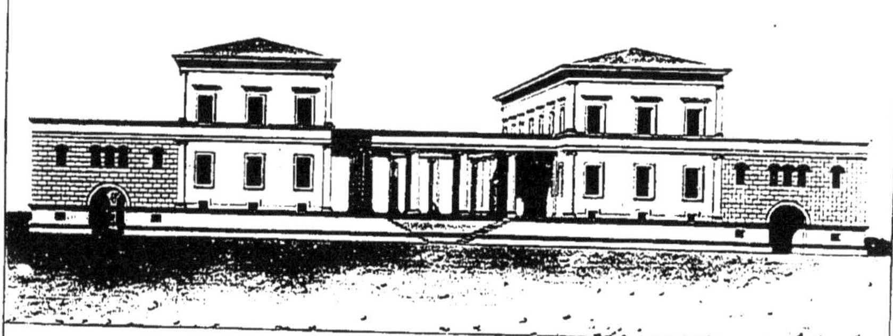

Vue perspective de la maison N° 25. Pl. XXXIX et XL.

L. A. Dubut inv.

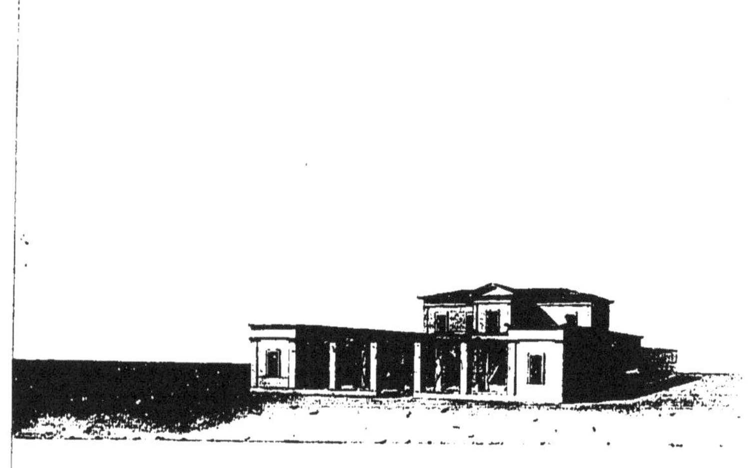

Vue perspective de la maison N.° 26 planche XLIII

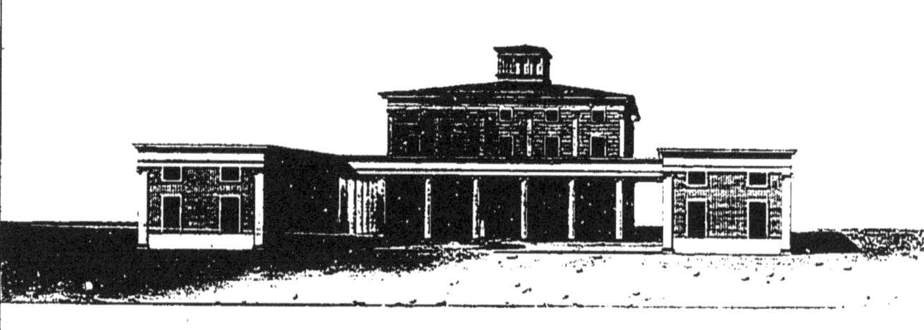

Vue perspective de la maison N.° 27 planche XLIV. et XLV.

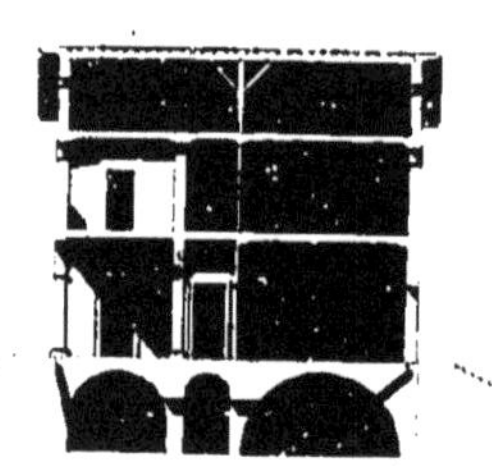

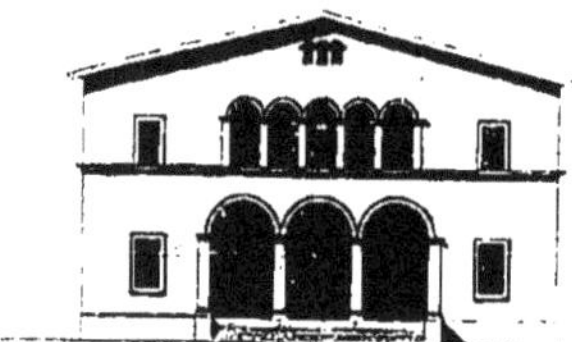

Élévation du côté A.

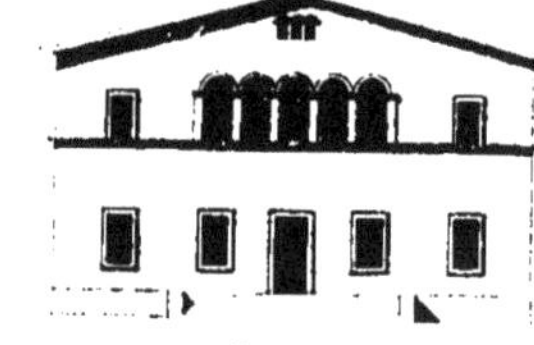

Élévation du côté B.

Renvois

Plan des Caves.

a arrivée de l'escalier.

b passage.

c caves.

Plan du rez-de-chaussée.

a Terrasse.

b vestibule.

c Escalier.

d Cuisine.

e Salle à manger.

f Sallon.

g chambre à coucher.

h garde-robes.

i commodités à l'anglaise.

j passage.

Plan du premier.

a arrivée de l'escalier.

b passage.

c logements d'amis.

d chambres de domestiques.

e salle de billard.

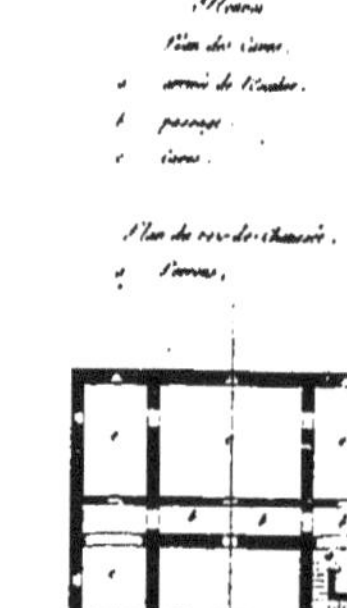

Plan des caves.

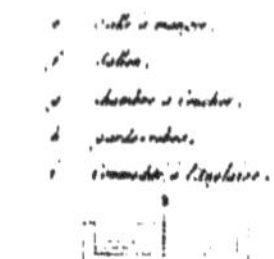

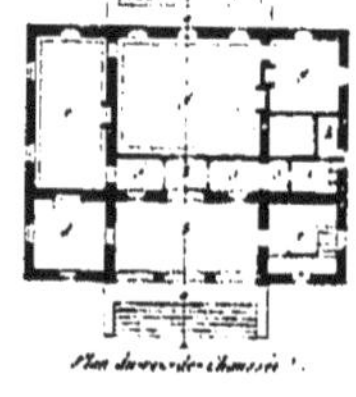

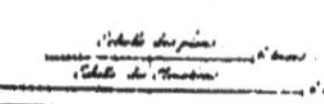

Plan du rez-de-chaussée.

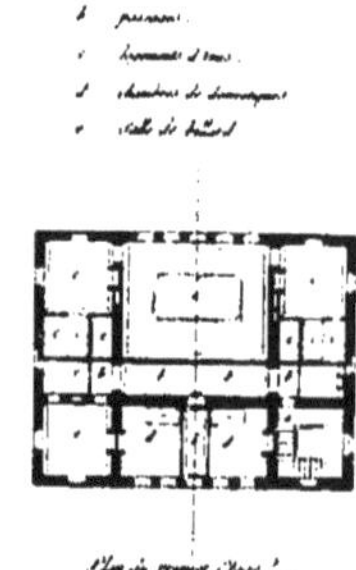

Plan du premier étage.

Échelle des plans — toises

Échelle des Élévations — toises

L. A. Dubut inv.

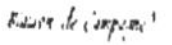

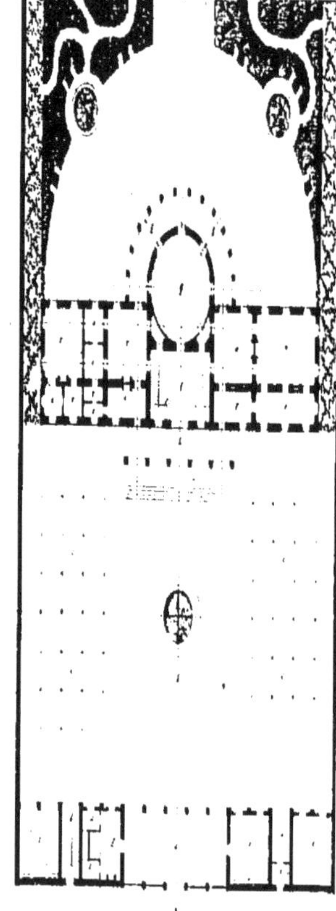

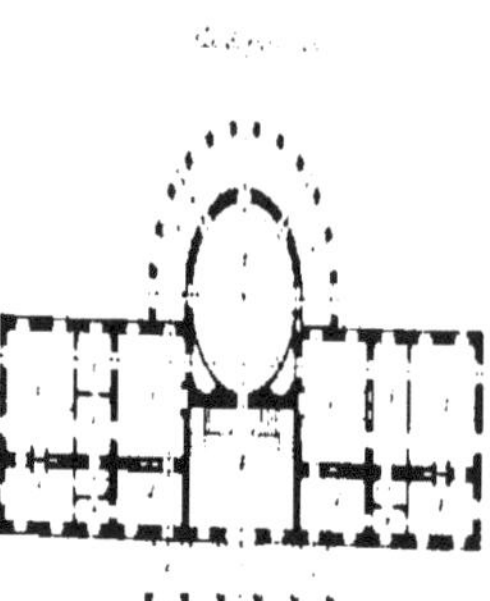

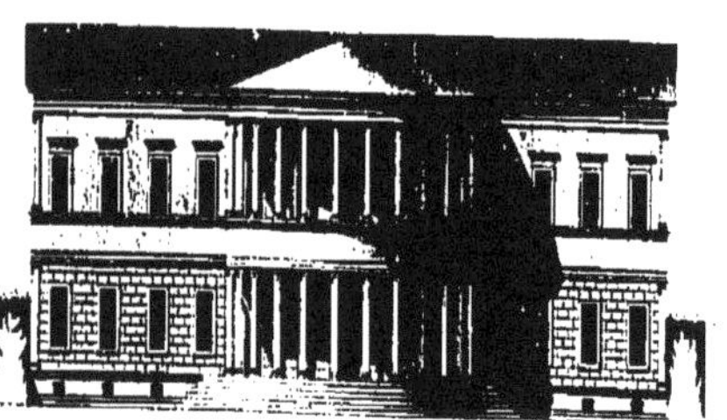

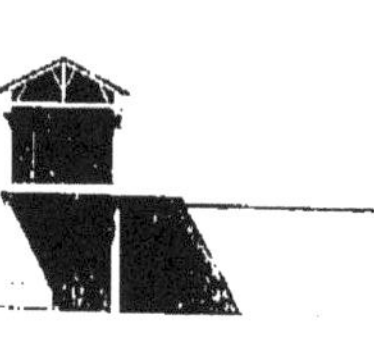

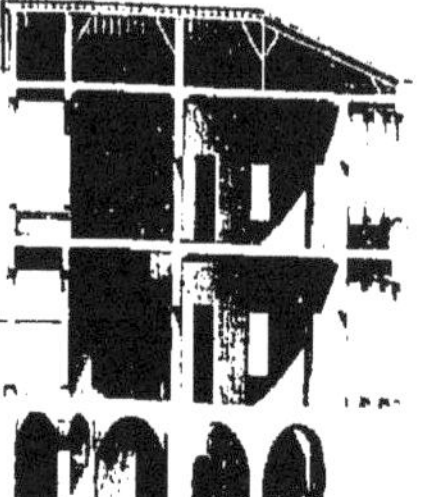

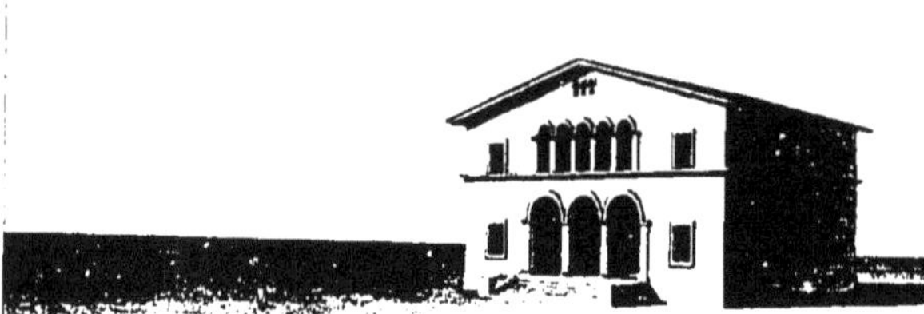

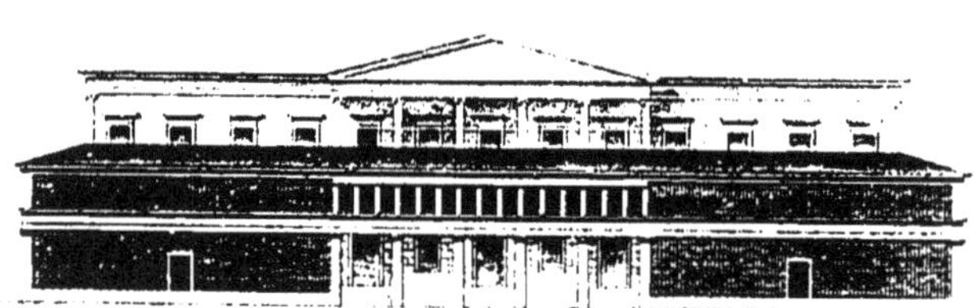

Élévation géométrale de la maison principale du côté de la rue.

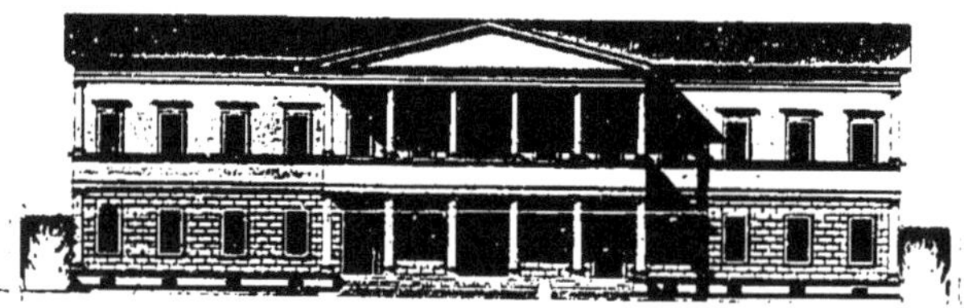

côté de la cour.

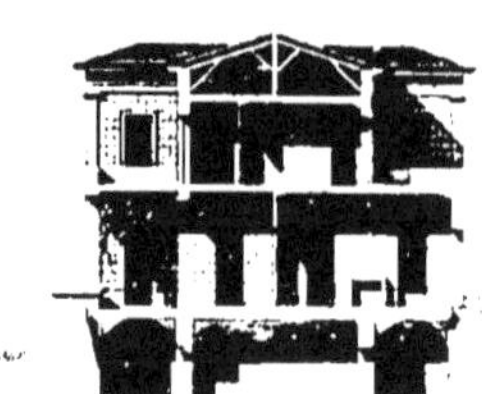

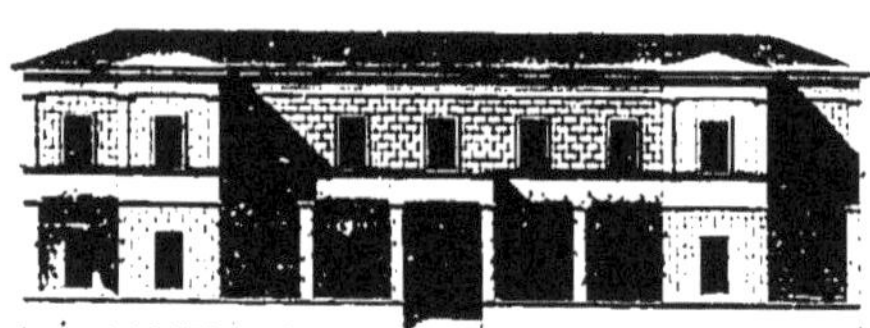

Elévation principale

jardin

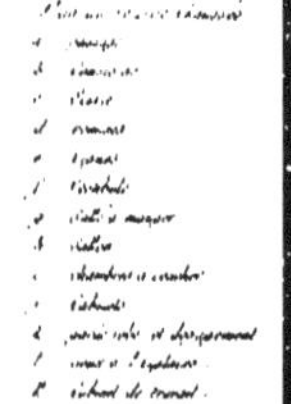

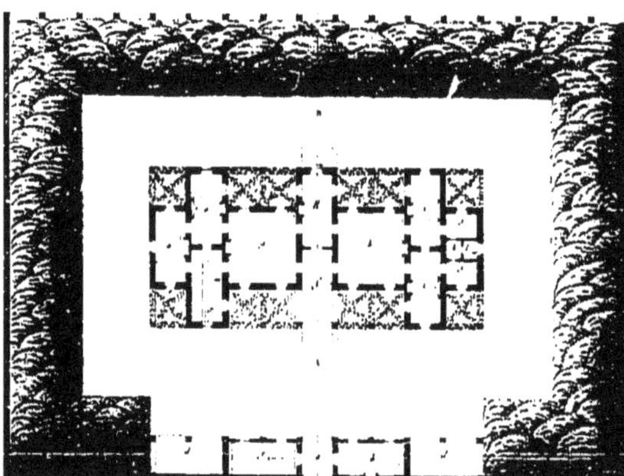

Plan du rez de chaussée

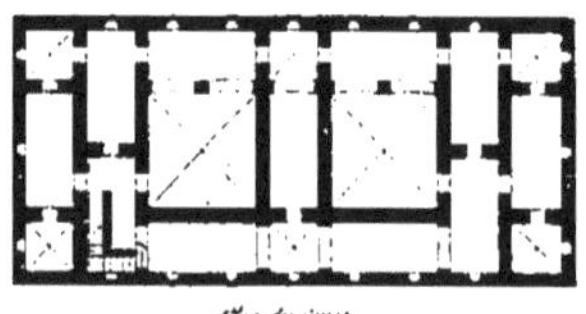

Plan des caves

Echelle des plans

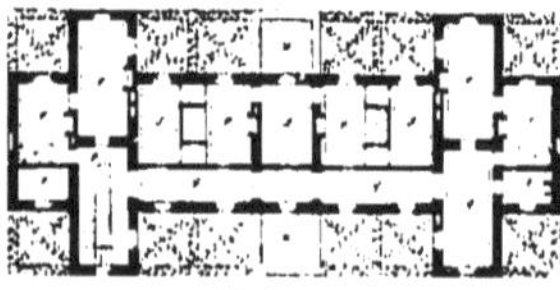

Plan du premier

Echelle des élévations

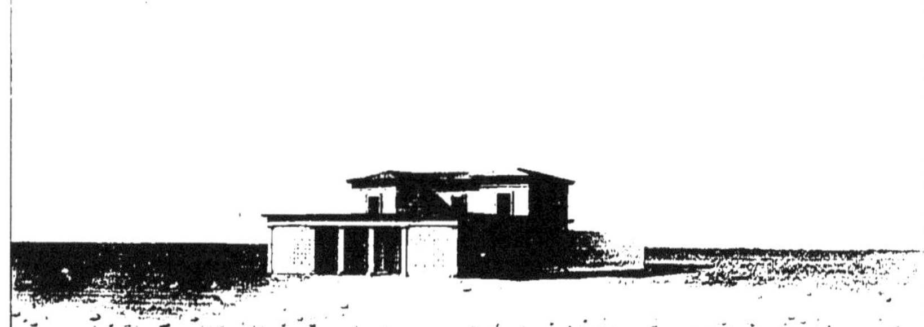

Vue perspective de la maison [illegible] N° 19 Pl. XIII

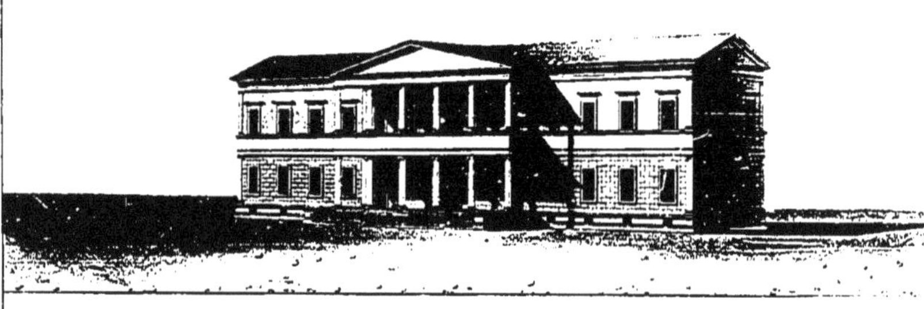

Vue perspective de la maison N° 31 Pl. LI LII LIII

L. A. Dubut inv.

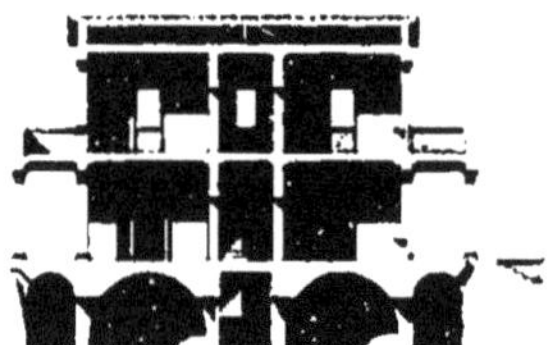

Coupe sur la ligne AB

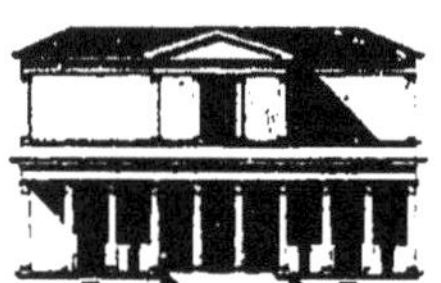

Élévation du côté du jardin.

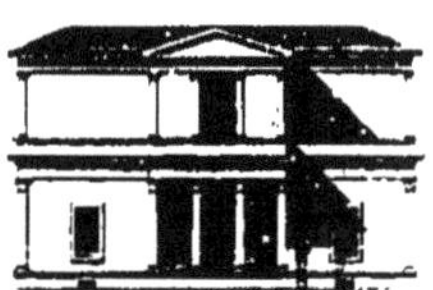

Élévation du côté de l'entrée

Plan des caves.

- a arrivée de l'escalier
- b passage.
- c caves.
- d magasin sous les marches

Plan du rez de chaussée

- a perron.
- b portique.
- c galerie sur le jardin
- d vestibule
- e antichambre
- f escalier.
- g salle à manger.
- h salon.
- i chambre à coucher.
- j cabinets.
- k bains à l'anglaise
- l cuisine.
- m descente de caves.

Plan du premier

- a arrivée de l'escalier
- b galerie
- c bibliothèque
- d chambre de domestique
- e terrasse.

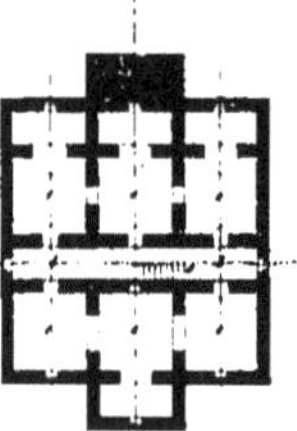

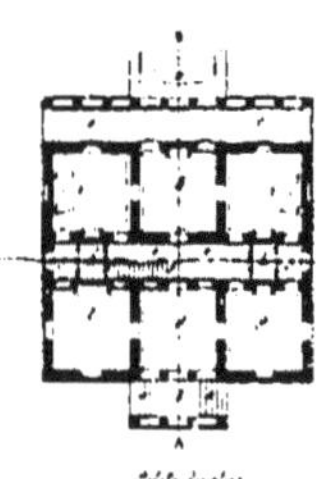

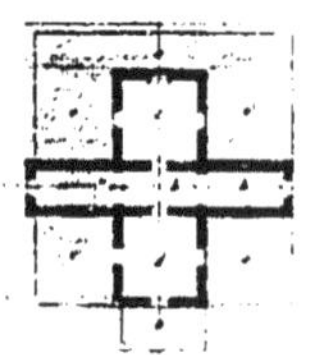

Échelle des plans

Échelle des élévations

N.° 34.

Petite maison de Ville ou de Campagne
avec ses Dépendances.

Renvois

Plan des souterrains

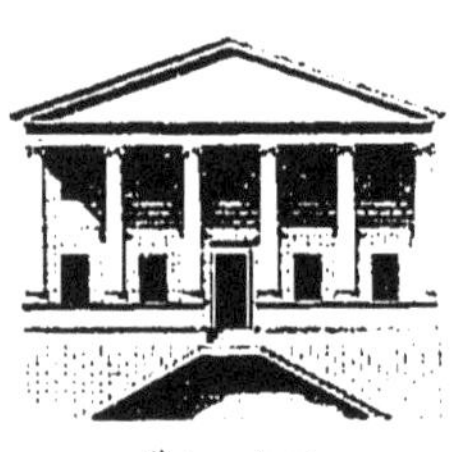

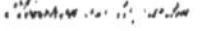

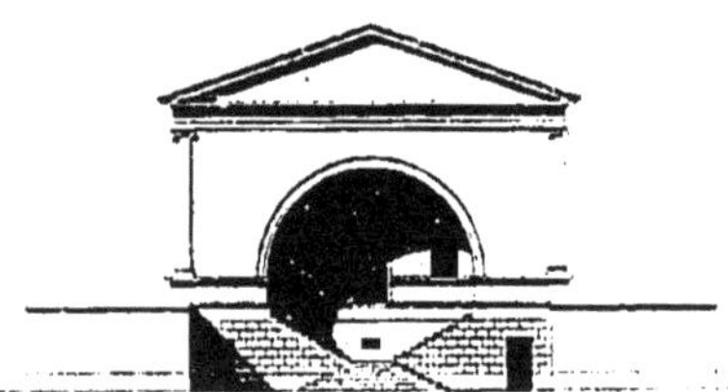

Élévation du côté de l'Entrée

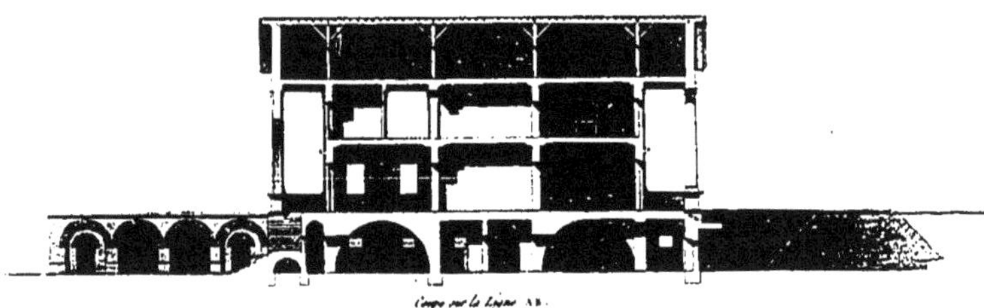

Coupe sur la Ligne AB.

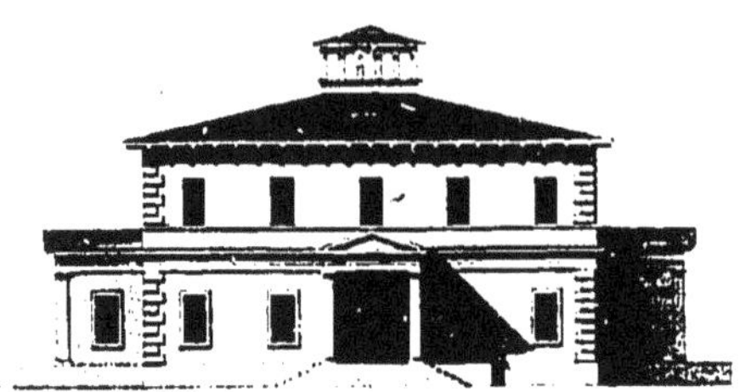

Élévation géométrale

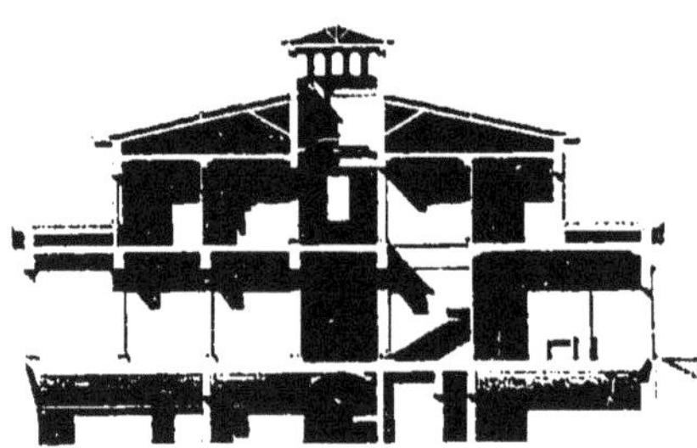

Coupe sur la ligne AB

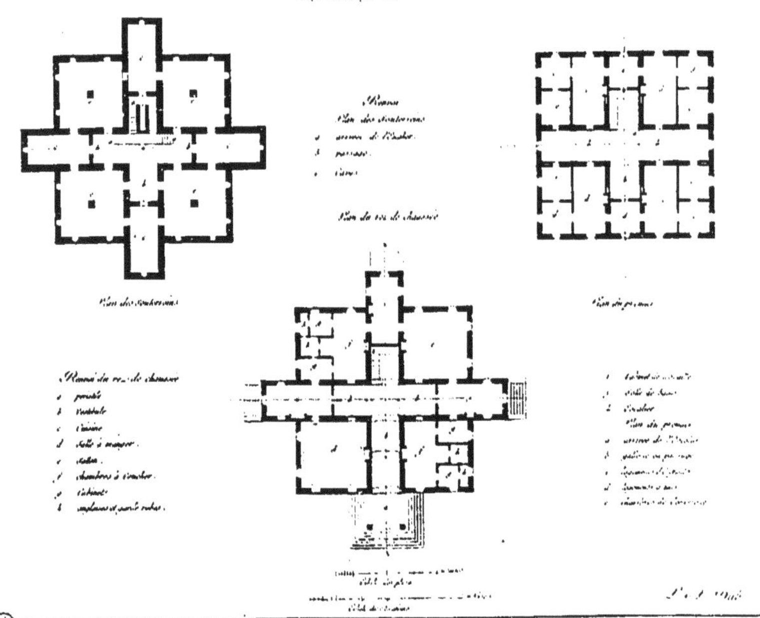

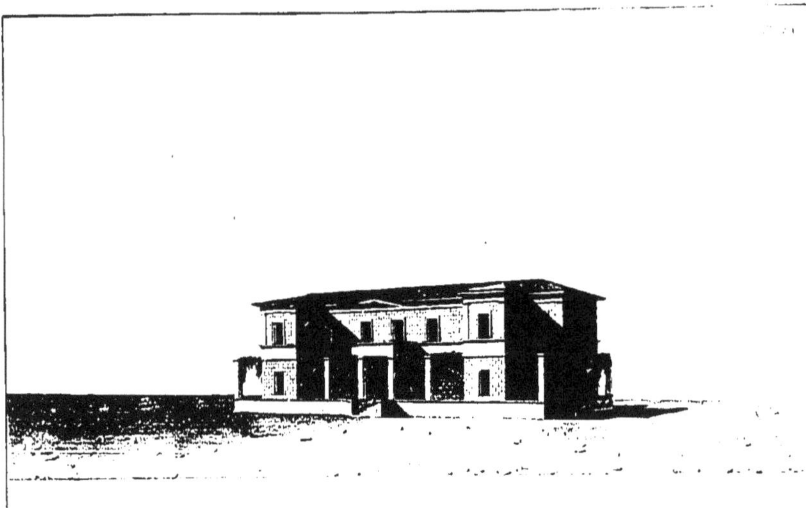

Vue perspective de la maison [illegible]

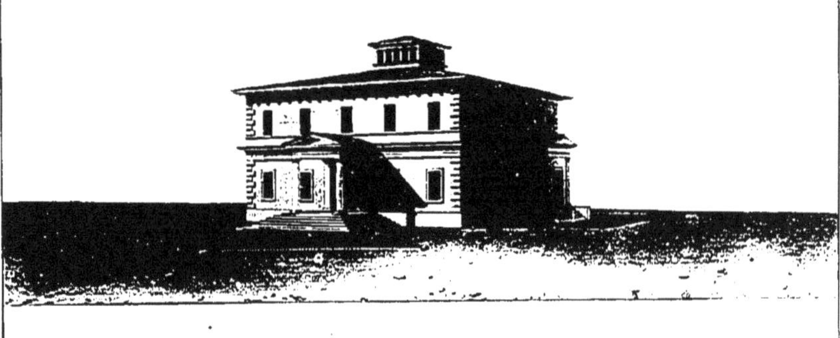

Vue perspective de la maison précédente.

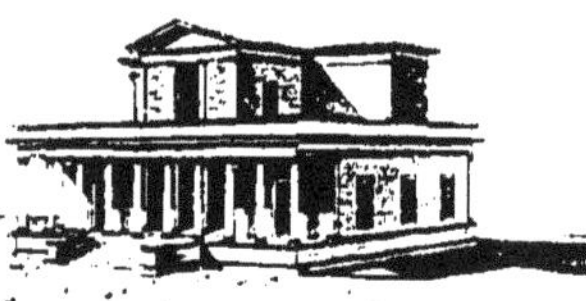

vue perspective de la maison N° 33, pl. LXV.

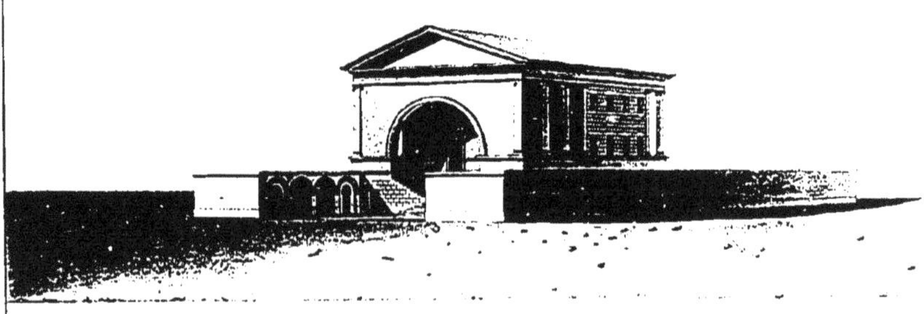

vue perspective de la maison N° 34, pl. LXVI et LXVII.

L. A. Dubut inv.

Bâtiment à [illegible]

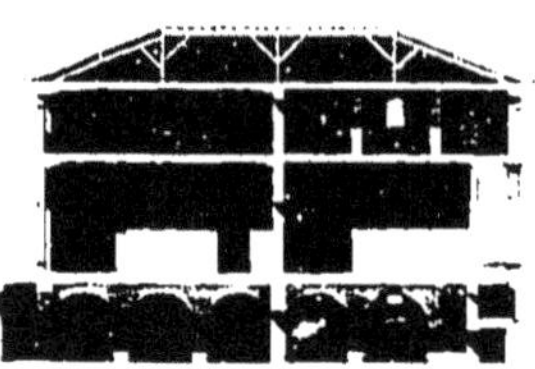

Coupe

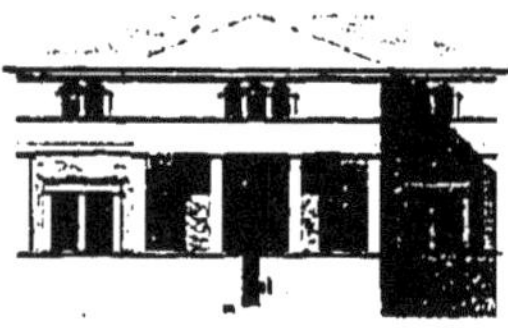

Élévation du côté a

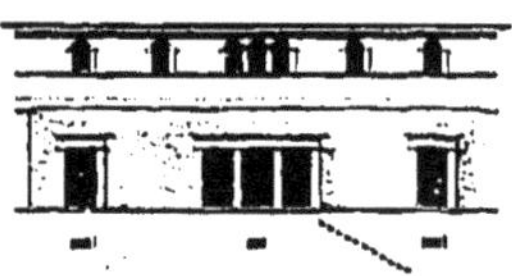

Élévation du côté b

Plan des caves.

a arrivée de l'escalier
b cave à bois
c caves à vin

Plan du rez-de-chaussée

a perron couvert
b galeries ou passages
c escalier
d salle
e chambres à coucher
f cabinets
g garde-robes et [illegible]
h cuisine

Plan du premier étage

a [illegible]
b chambre [illegible]
c chambres de domestiques
d salle de billard
e garde-meuble

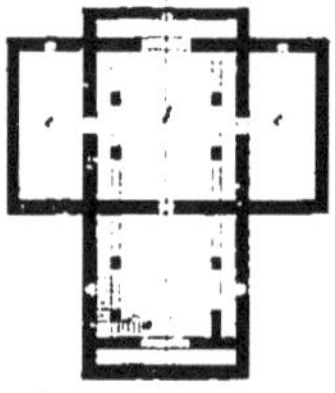

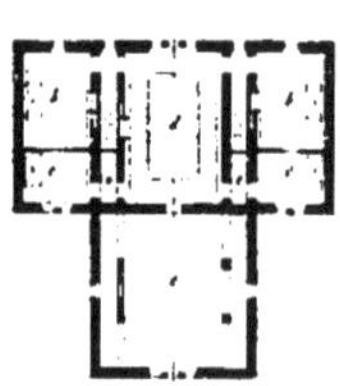

Échelle des plans

Échelle des élévations

L. L. Dubut

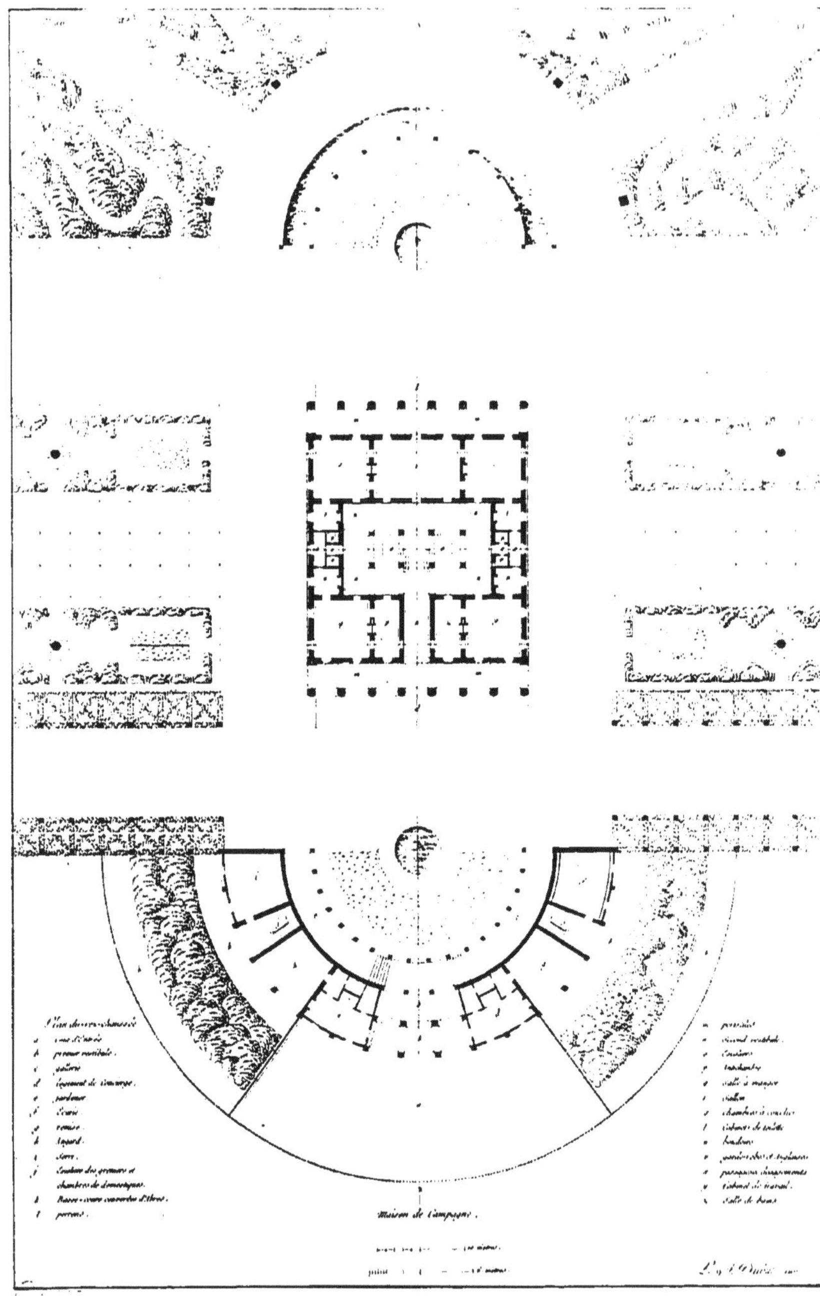
Plan du rez-de-chaussée
a cour d'entrée
b premier vestibule.
c galerie
d logement de concierge.
e jardinier
f écurie
g remise.
h hangard.
i serre.
j cuisine des premiers et chambres de domestiques.
k basse-cour couverte d'arbres.
l perrons.
m portique
n second vestibule.
o escaliers
p antichambre
q salle à manger
r salon
s chambre à coucher
t cabinet de toilette
u boudoir
y cabinet de travail.
z salle de bains
Maison de Campagne.

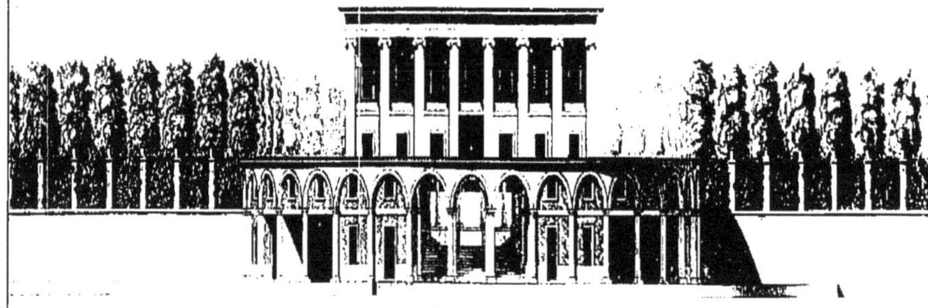

Élévation générale

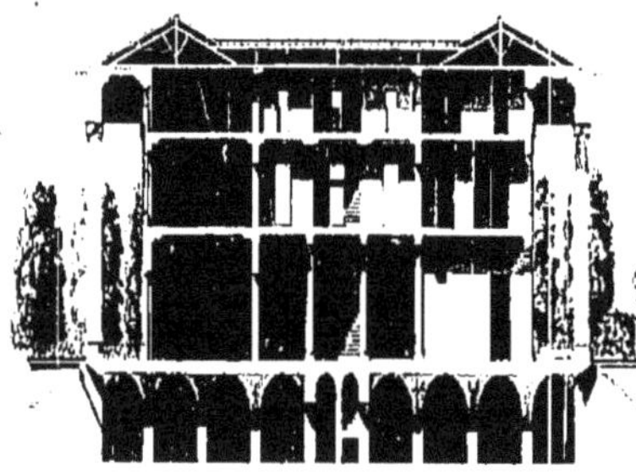

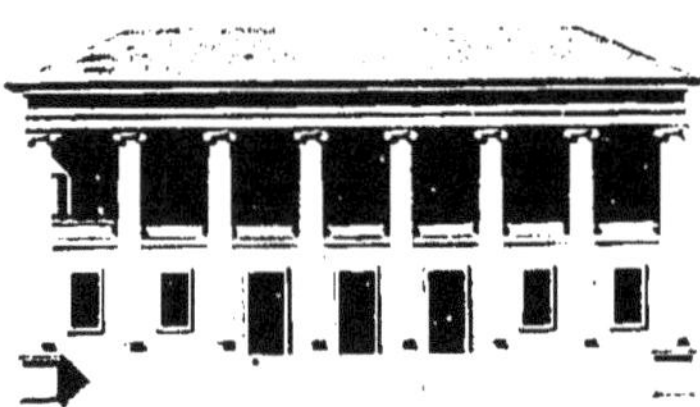

Élévation géométrale du Côté X.

Plan des Souterrains.

- a arrivée de l'Escalier
- b passages
- c cuisine.
- d bûchers
- e garde-manger
- f office
- g cave
- h caves.
- i caveaux.

Plan du premier.

- a arrivée de l'Escalier
- b palier
- c terrasses ou vases entiers
- d salle de billard.
- e logements d'enfants ou d'amis
- f autres logements d'amis
- g passages et lingeries
- h logement de femmes de chambre

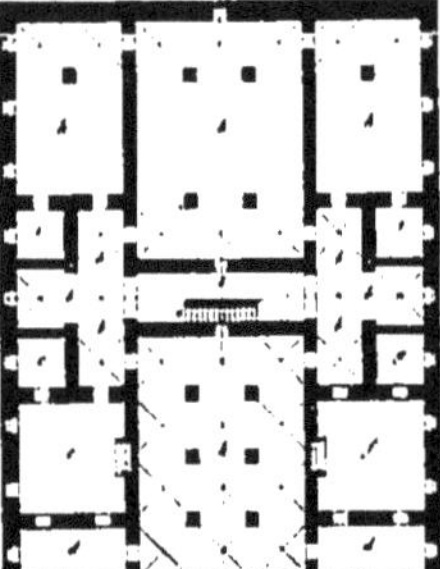

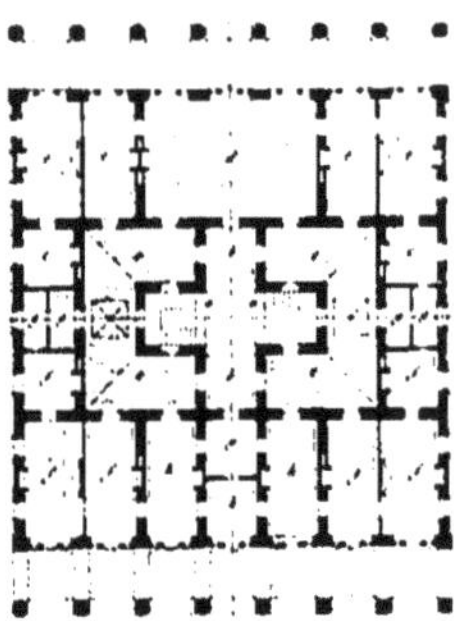

Échelle des plans
10 toises
Échelle des Élévations
toises

L. L. Dubut in.

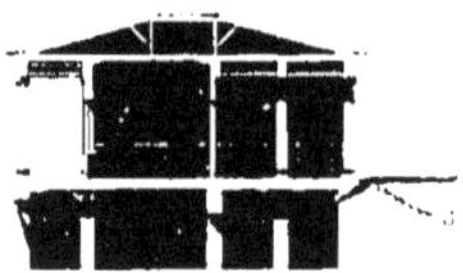

Coupe.

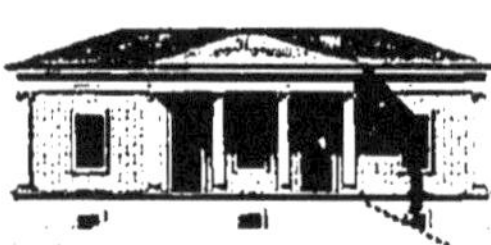

Élévation géométrale du côté A.

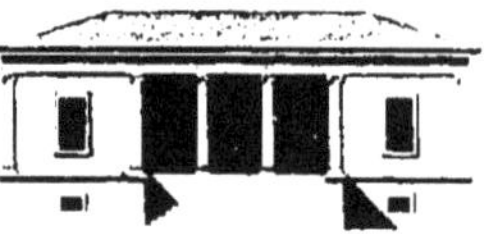

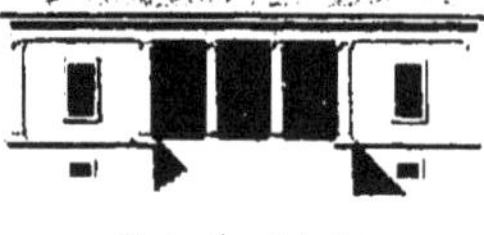

Élévation géométrale du côté B.

Plan du rez-de-chaussée.

a perron.
b portique.
c Vestibule et descente de cave.
c Salle à manger.
d Sallon.
e chambre à coucher.
f Cabinet de toilette.
g Anglaise.
h Cabinet de travail.
i chambre de domestique.

Plan des Souterrains.

a arrivée de l'escalier.
b dégagement.
c Cuisine.
d cave à bois.
e cave à vin.

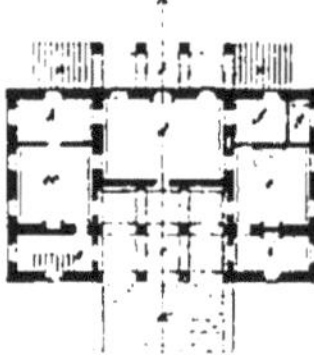

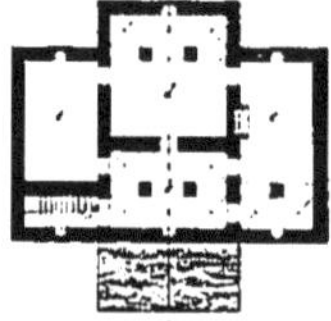

Échelle des plans.

6 toises

Échelle des Élévations.

6 toises

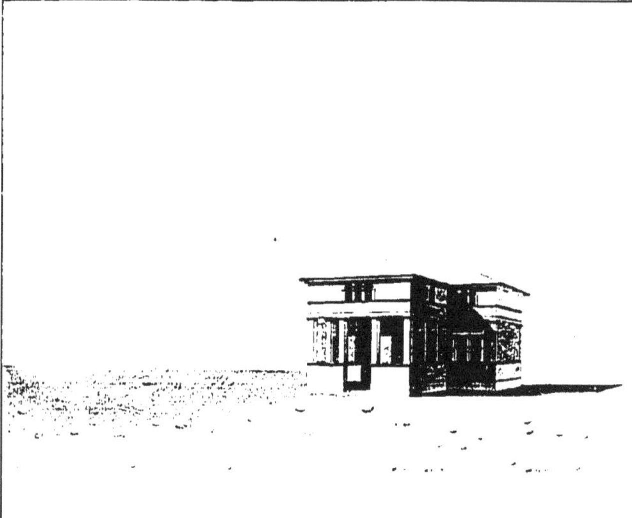

vue perspective de la maison N° 30. planche LXII.

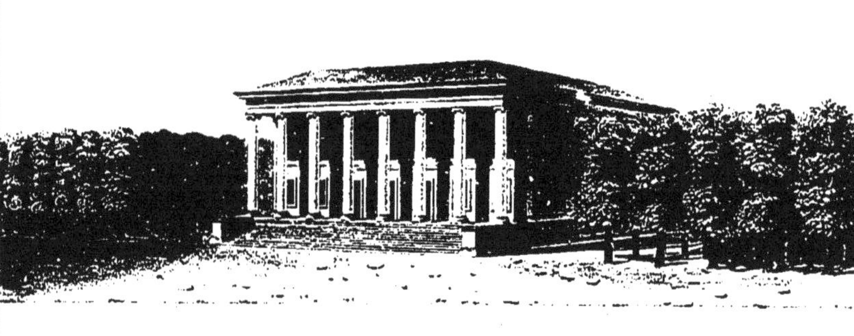

vue perspective de la maison N° 30. côté du jardin pl. LXIII LXIV et LXV

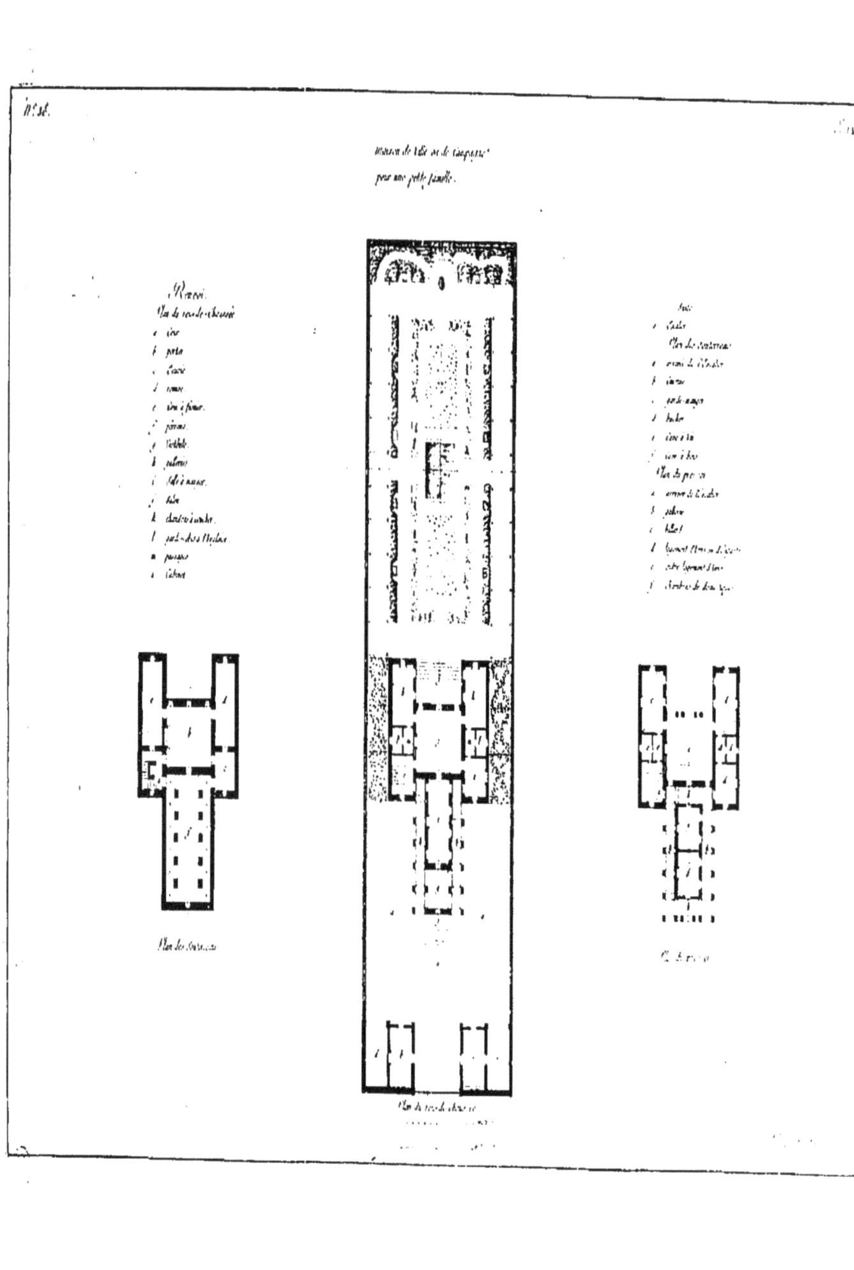
pour une petite famille.

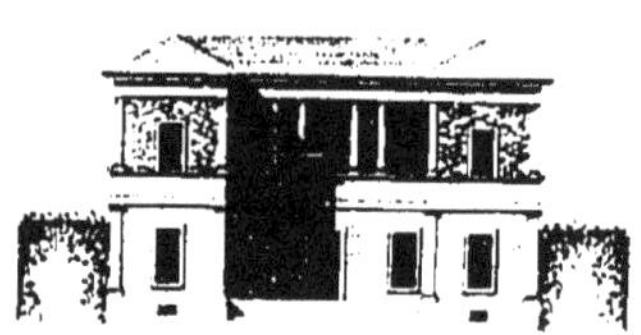

Elévation géométrale du côté du jardin

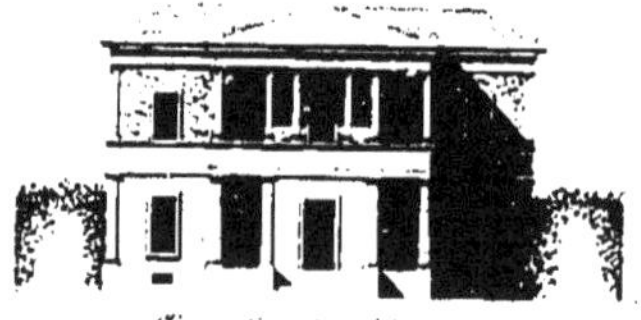

Elévation géométrale du côté de la cour

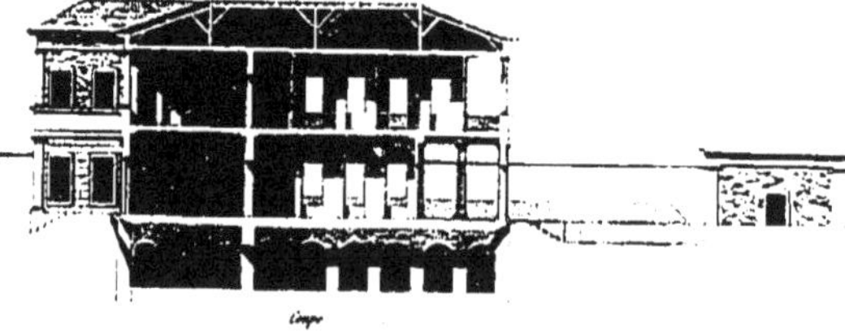

Coupe

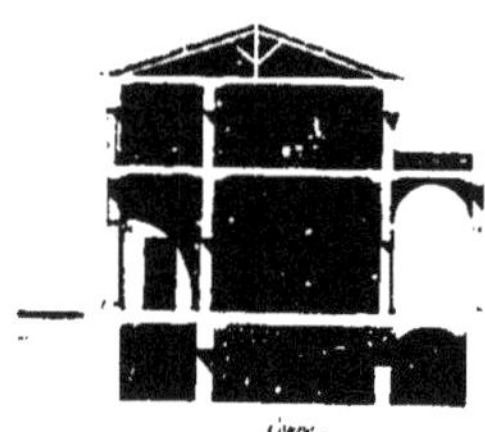

Coupe.

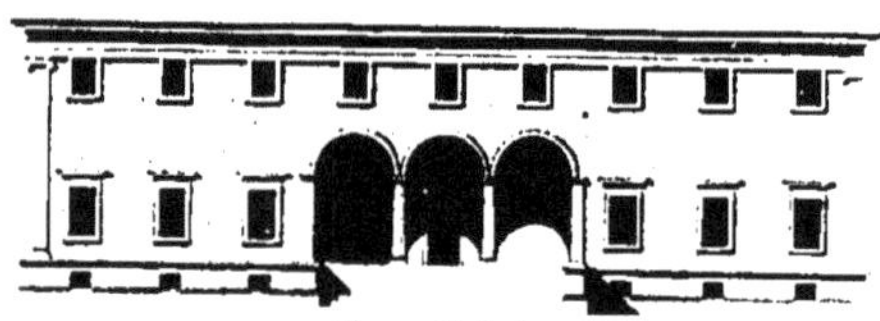

Élévation géométrale.

Renvoi

Plan des Souterrains.

- a arrivée de l'Escalier
- b passage.
- c cuisine.
- d bucher.
- e garde-manger.
- f cave à bois.
- g cave à vin.

Plan du rez-de-chaussée.

- a perron.
- b péristyle.
- c vestibule.
- d Escalier.

Plan du premier Étage.

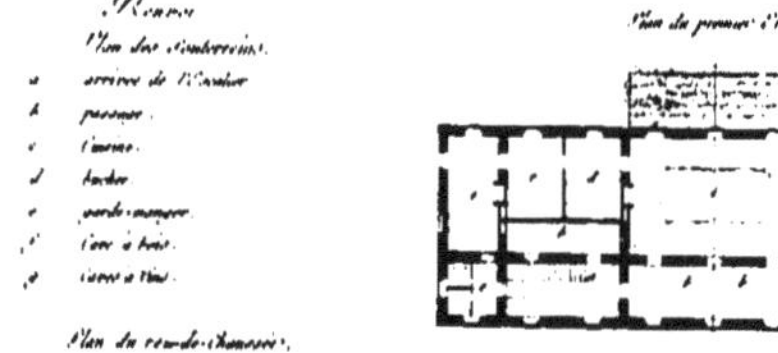

Suite

- e Salle à manger
- f Salon.
- g chambre à coucher
- h boudoir
- i cabinet de toilette
- j passage et garde robe à l'anglaise
- k Salle de bains
- l logement d'ami

Plan du premier

- a arrivée de l'Escalier.
- b passages et dégagement
- c Salle de billard
- d chambres de domestiques
- e logements d'amis.

Plan des Souterrains.

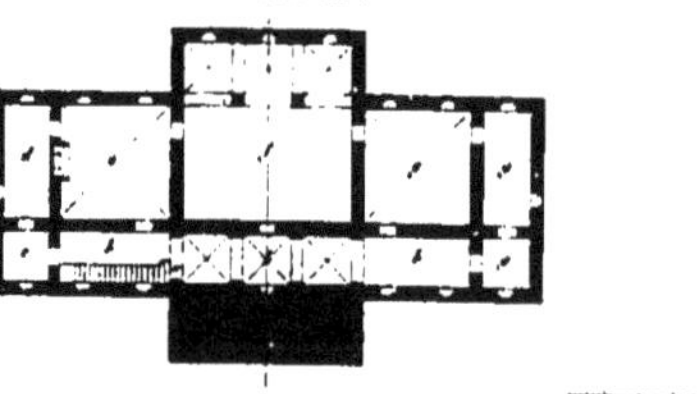

Plan du rez de chaussée.

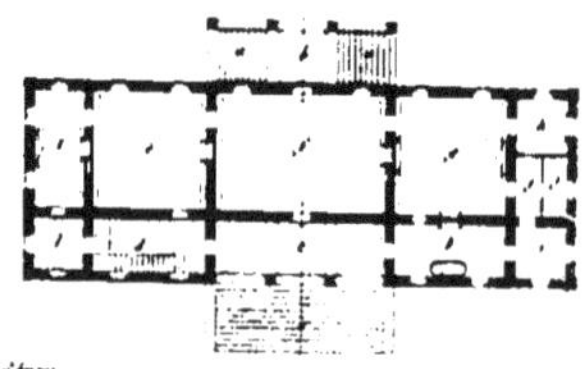

L. A. Dubut inv.

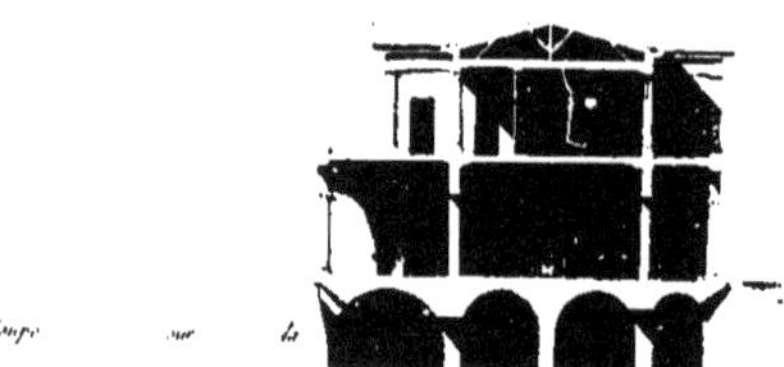

Coupe sur la ligne AB

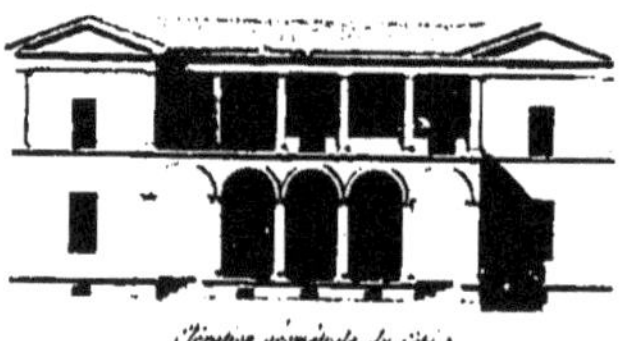

Élévation géométrale du côté A

Plan du premier Étage.

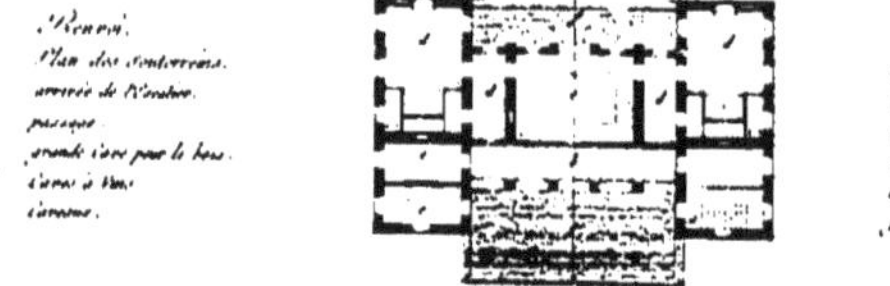

Renvoi.

Plan des Souterrains.

a arrivée de l'Escalier.
b passage.
c grande Cave pour le bois.
d Caves à Vins.
e Caveaux.

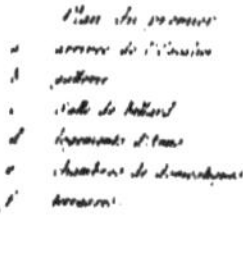

Plan du premier

a arrivée de l'Escalier
b gallerie
c Salle de billard
d logements d'amis
e chambres de domestiques
f terrasses

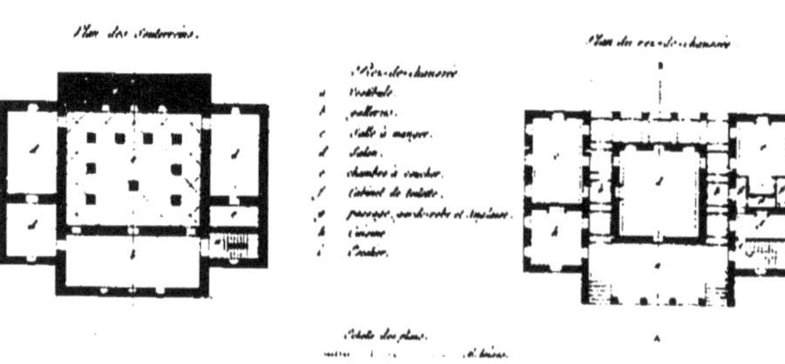

Plan des Souterrains.

Plan du rez-de-chaussée

Rez-de-chaussée

a Vestibule.
b galleries.
c Salle à manger.
d Salon.
e chambre à coucher.
f Cabinet de toilette.
g passage, garde-robe et lingerie.
h Cuisine
i Escalier.

Échelle des plans.

Échelle des Élévations

L. P. J. Dubut inv.

Pavillon principal d'une Maison de Ville et de campagne

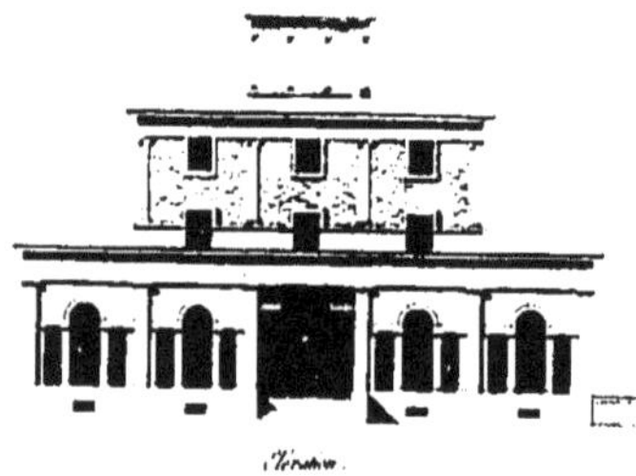

Élévation.

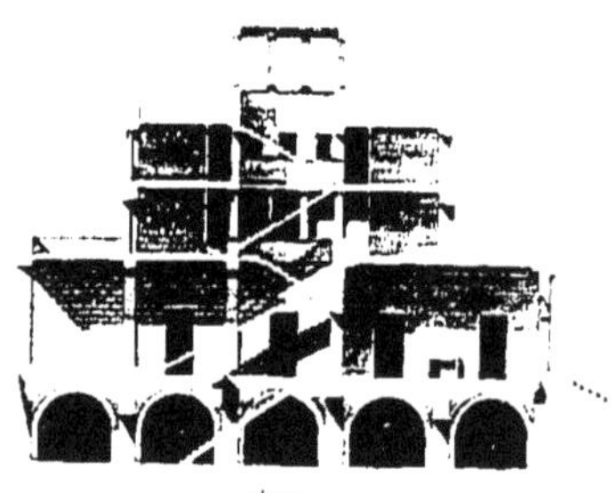

Coupe.

Plan du premier Étage

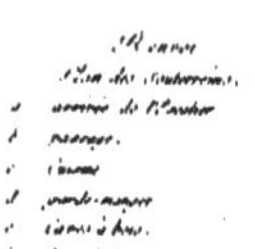

Renvoi
Plan des Souterrains.

- a arrivée de l'Escalier
- b passage.
- c cuisine
- d garde-manger
- e caves à bois.
- f caves à vins

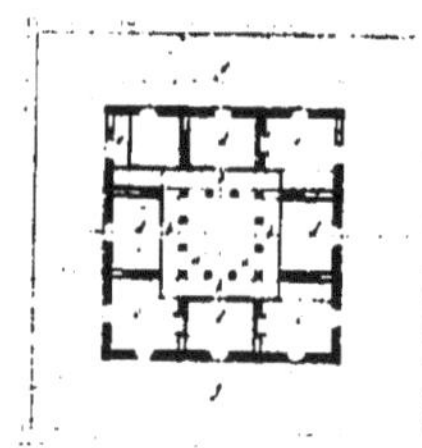

Plan du premier

- a arrivée de l'Escalier
- b palier
- c appartements d'amis
- d chambres de domestiques
- e commodités
- f terrasse

Plan des Souterrains.

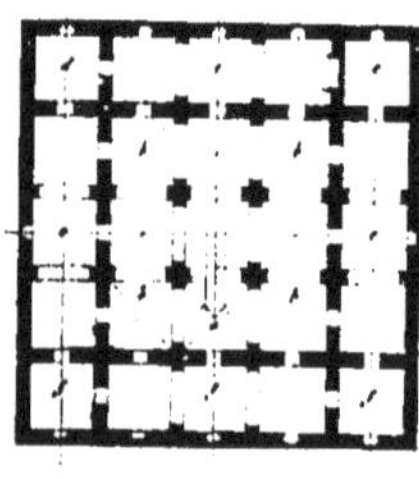

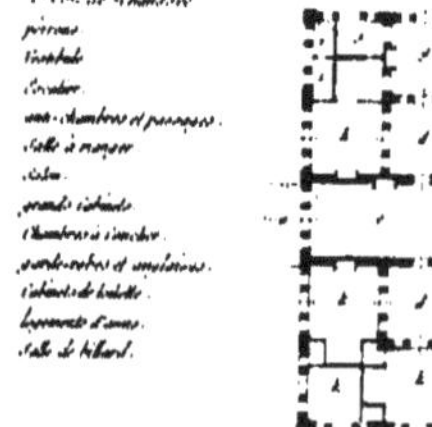

Rez-de-chaussée

- a perron
- b Vestibule
- c Escalier.
- d anti-chambres et passages.
- e Salle à manger
- f Salon.
- g grands cabinets.
- h Chambres à coucher.
- i garde-robes et [illegible].
- j Cabinets de toilette.
- k logements d'amis.
- l Salle de billard.

Plan du rez-de-chaussée

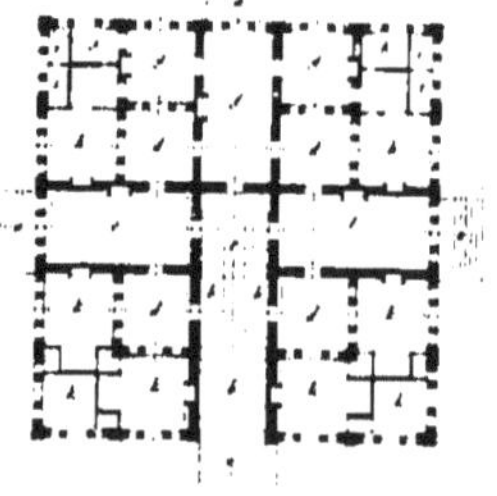

Échelle des plans
6 toises.
Échelle des Élévations.
6 toises.

L. Dubut inv.

vue perspective de la maison N° 3, planche LXII.

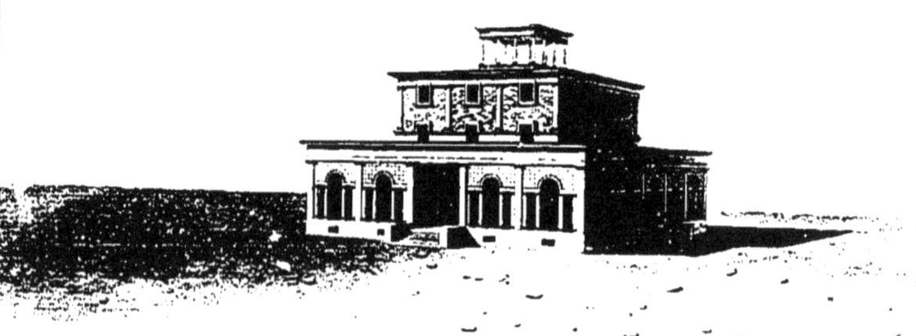

vue perspective de la maison précédente.

L. et A. Duhut inv.

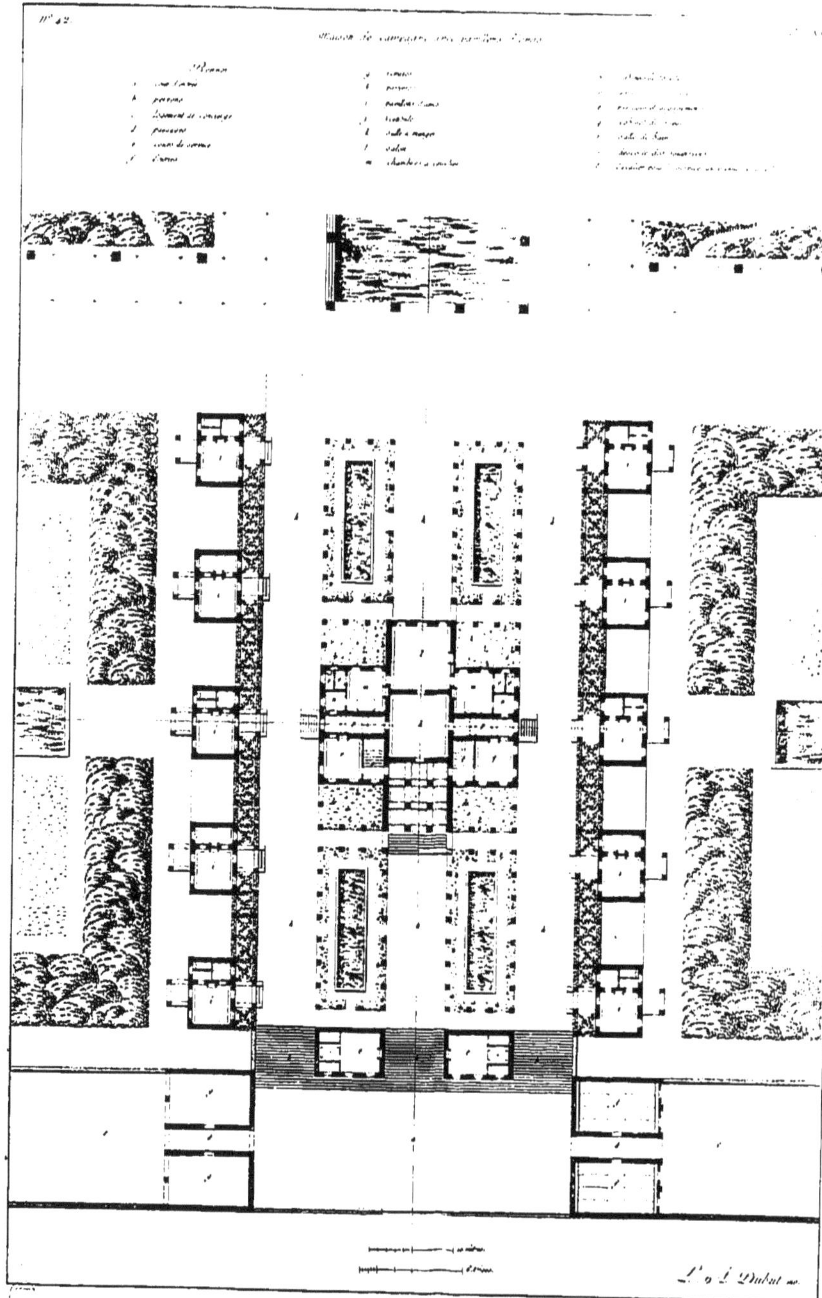
N° 42.
Plan
b perrons
c Logement de concierge
d passages
f écuries
j vestibule
k salle à manger
l salon
m chambres à coucher
salle de bain
L. & J. Dubut

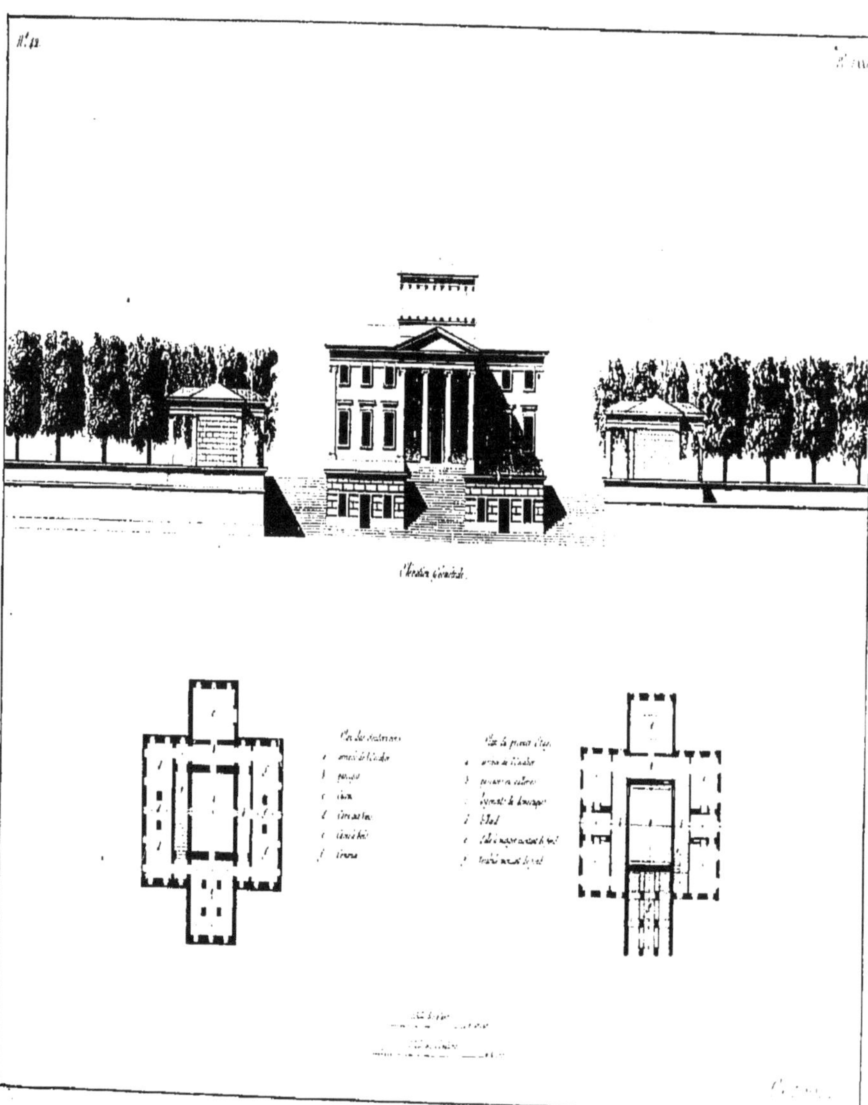
Élévation Générale.

N° 89.

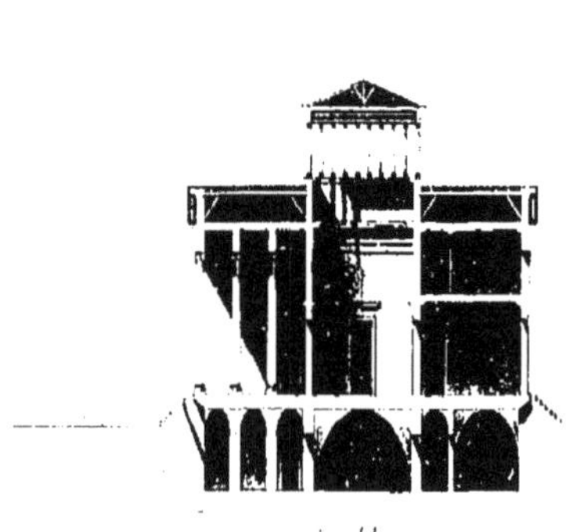

Coupe sur la longueur.

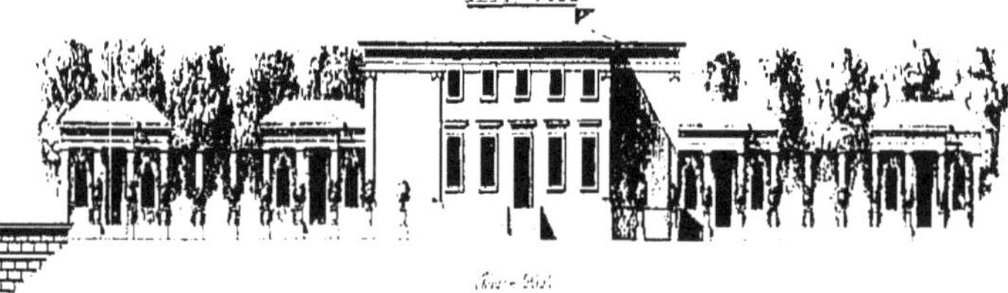

Maison pour une petite famille.

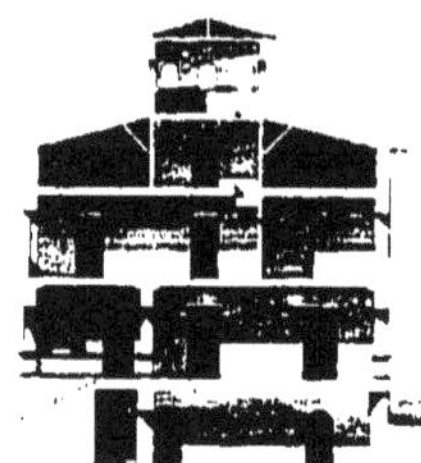

Coupe sur la ligne AB.

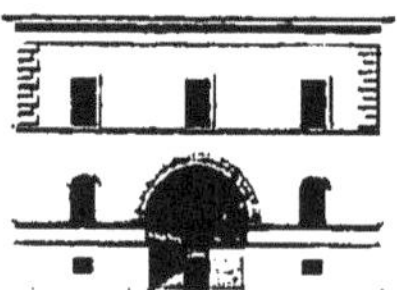

Élévation du côté A.

Élévation du côté B.

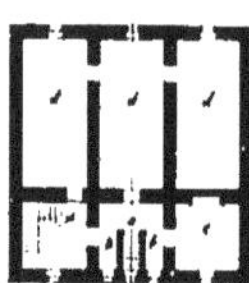

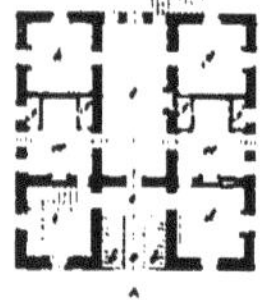

Plan des souterrains.

a. Escalier.
b. passage.
c. Cuisine.
d. Caves.

Plan du rez-de-chaussée.

a. descente des Souterrains.
b. perron couvert.
c. palier.
d. Salle à manger.
e. Salon.
ee. chambres à coucher.
f. garde-robes et passages.
gh. petit Salon et Cabinet de travail.
i. Escalier.

Plan du premier étage.

a. arrivée de l'Escalier.
b. dégagement.
c. Escalier du belvédère.
d. logements d'amis.
e. chambres de domestiques.

Échelle des plans.

Échelle des Élévations.

6 toises.

L. A. Dubut inv.

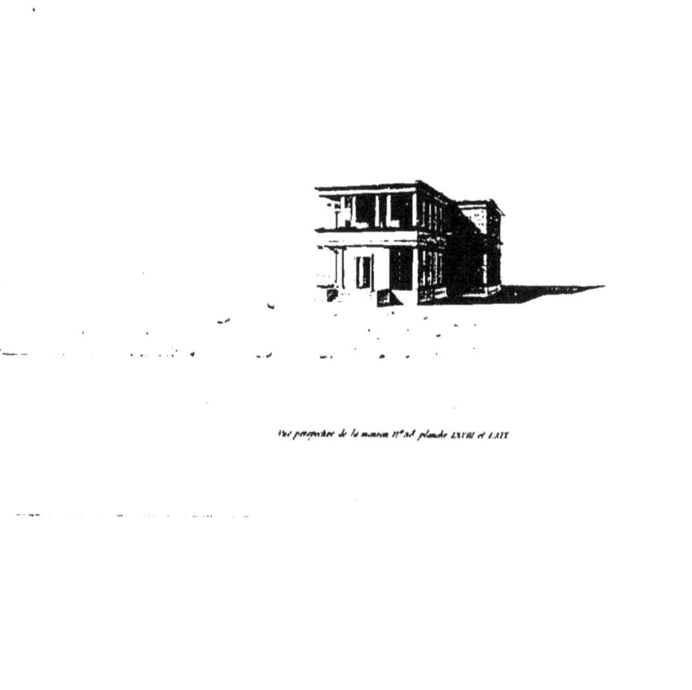

Vue perspective de la maison N.° 36 planche LXVIII et LXIX

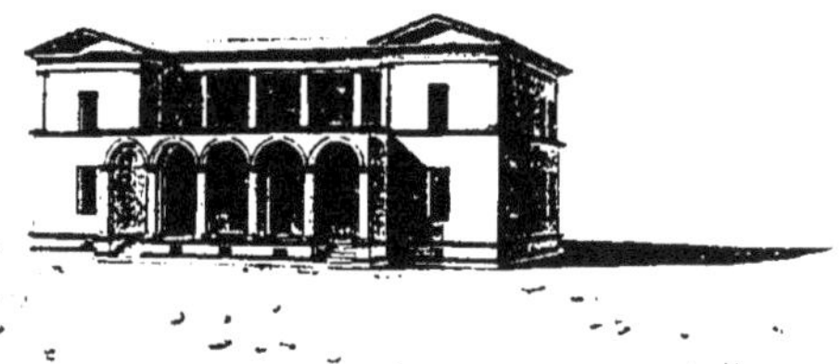

Vue perspective de la maison N.° 40 planche LXXI.

L. A. Dubut inv.

Pl. [illegible]

[illegible]

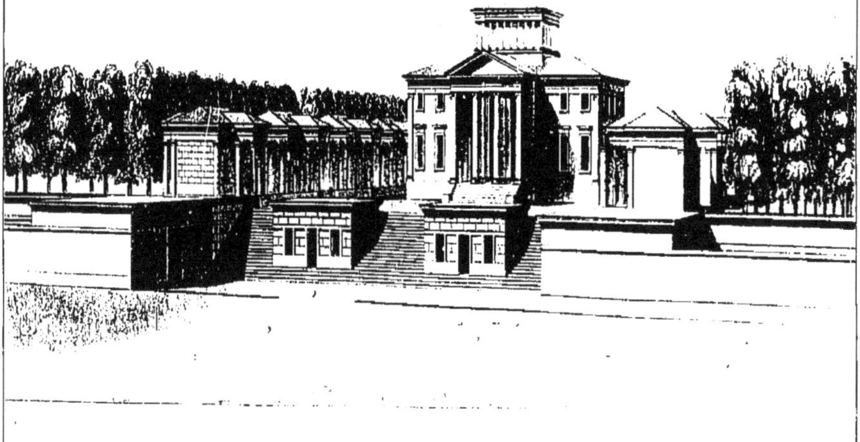

Petite maison de campagne.

Coupe.

Élévation.

Plan des Souterrains.

- a arrivée de l'Escalier.
- b passage.
- c Cuisine.
- d garde-manger.
- e bucher.
- f caves.

Plan du rez-de-chaussée.

- a Vestibule.
- b antichambre.
- c Salle à manger.
- d Salon.
- e chambre à coucher.
- f Cabinet de toilette et garde-robes.
- g Cabinet de travail.
- h Escalier.

Plan du premier.

- a arrivée de l'Escalier.
- b gallerie.
- c passage.
- d Salle de billard.
- e chambre de domestique.
- f chambres d'amis.

Échelle des plans.

10 mètres

Échelle des Élévations.

5 mètres

[illegible]

Autre maison de ville ou de campagne.

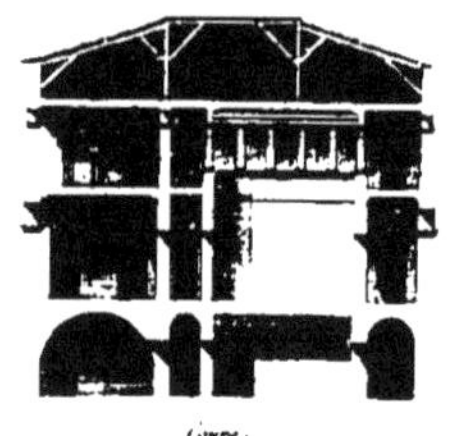
Coupe.

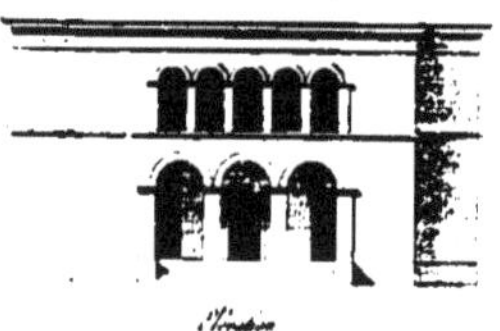
Élévation.

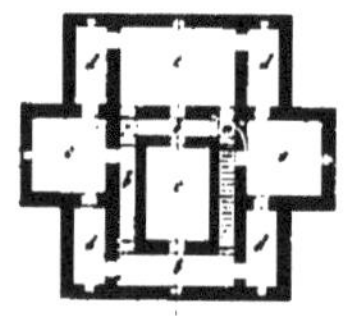
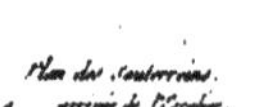
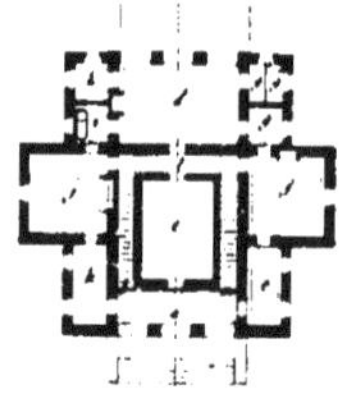
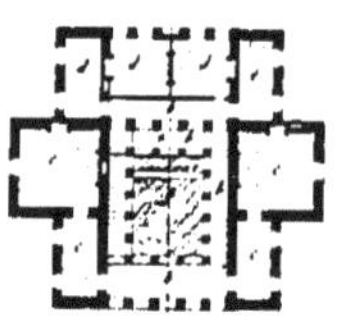

Plan des Souterrains.

a arrivée de l'Escalier.
b passages.
c caves.
d caveaux.

Plan du rez-de-chaussée.

a Vestibule.
b Escalier.
c Salle à manger.
d Salon.
e antichambre.
f chambre à coucher.
g cabinets et garde-robe.
h boudoir.
i bain.
j Latrines
k passage.
l dégagement
m descente de caves.

Plan du premier.

a arrivée de l'Escalier
b passage.
c logements d'amis.
d chambres de domestiques.
e Commodités
f Salle à manger montant de fond.

Échelle des plans
6 toises.
Échelle des Élévations
6 toises.

L.r L. Dubut inv.

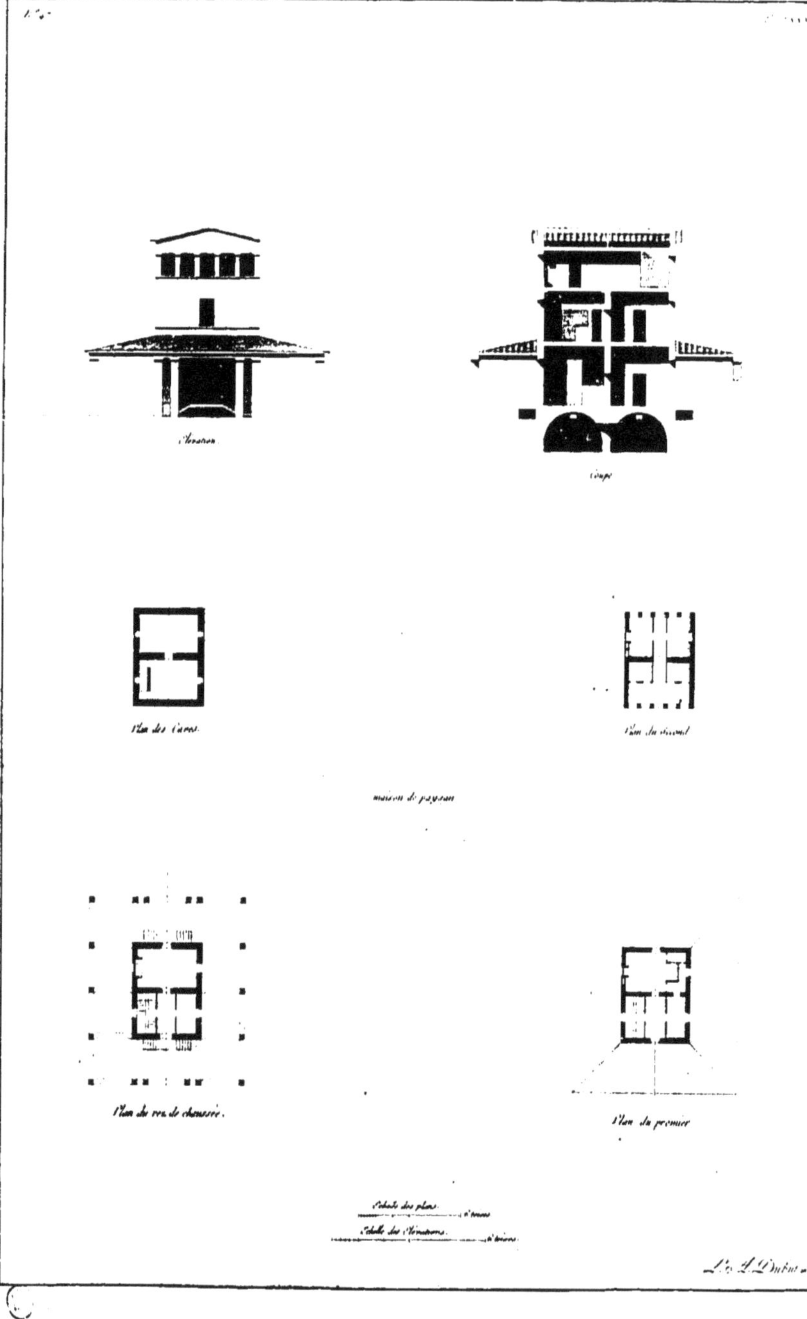
Élévation
Coupe
Plan des Caves
Plan du second
maison de paysan
Plan du rez de chaussée
Plan du premier
Échelle des plans
Échelle des Élévations

N° 6

Coupe.

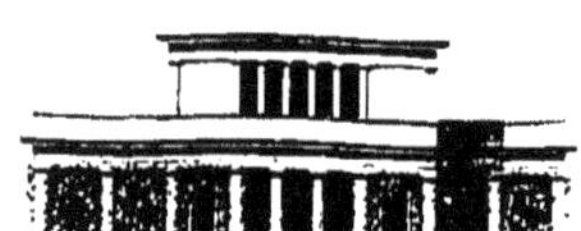

Élévation géométrale.

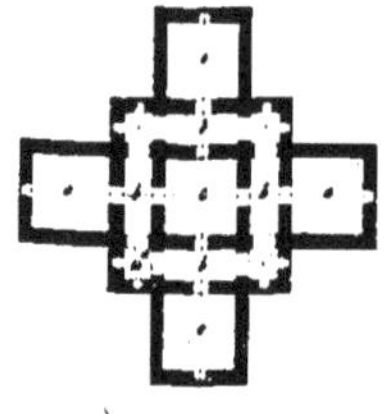

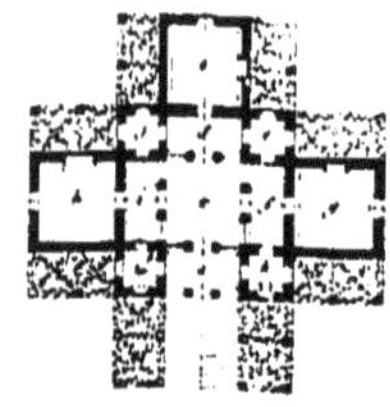

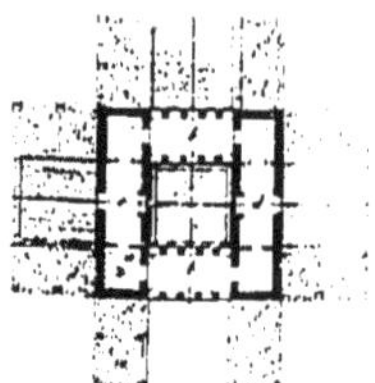

Plan des Souterrains.
a arrivée de l'Escalier.
b passage.
c caves.

Plan du rez-de-chaussée
a Vestibule.
b Escalier.
c Salle à manger.
d anti-Salon.
e Salon.
f antichambre
g chambre à coucher.
h garde-robes.
i passage.
j dégagement
k Lieux

Plan du premier
a arrivée de l'Escalier
b galeries.
c chambre de domestique
d chambre d'Amis.

Échelle des plans
6 toises

Échelles des Élévations
6 toises

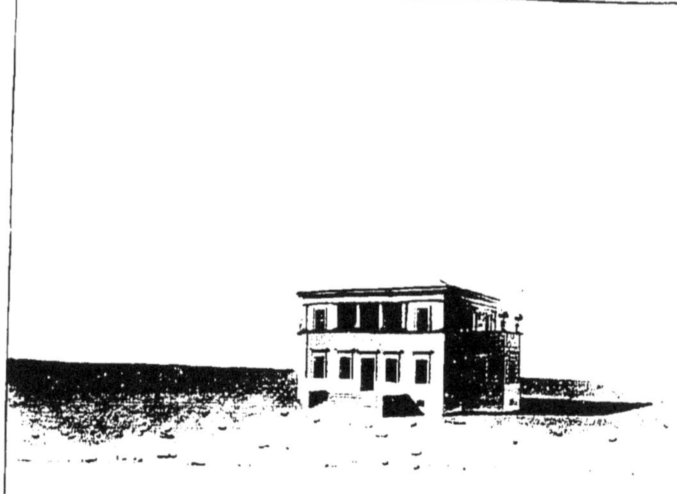

Vue perspective de la maison N° 44 pl. LXXX.

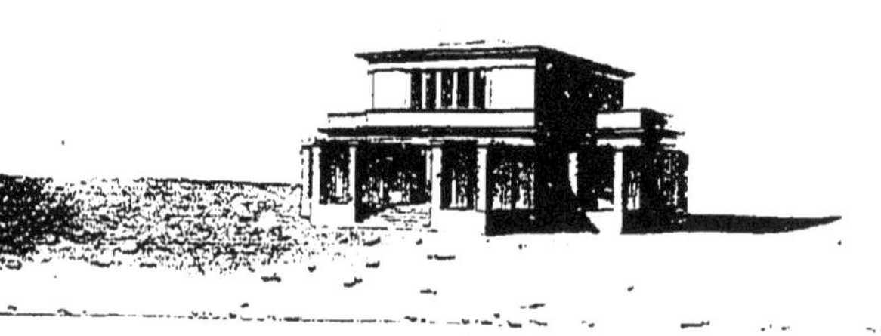

Vue perspective de la maison N° 47 pl. LXXXIII.

L.s L. Dubut inv.

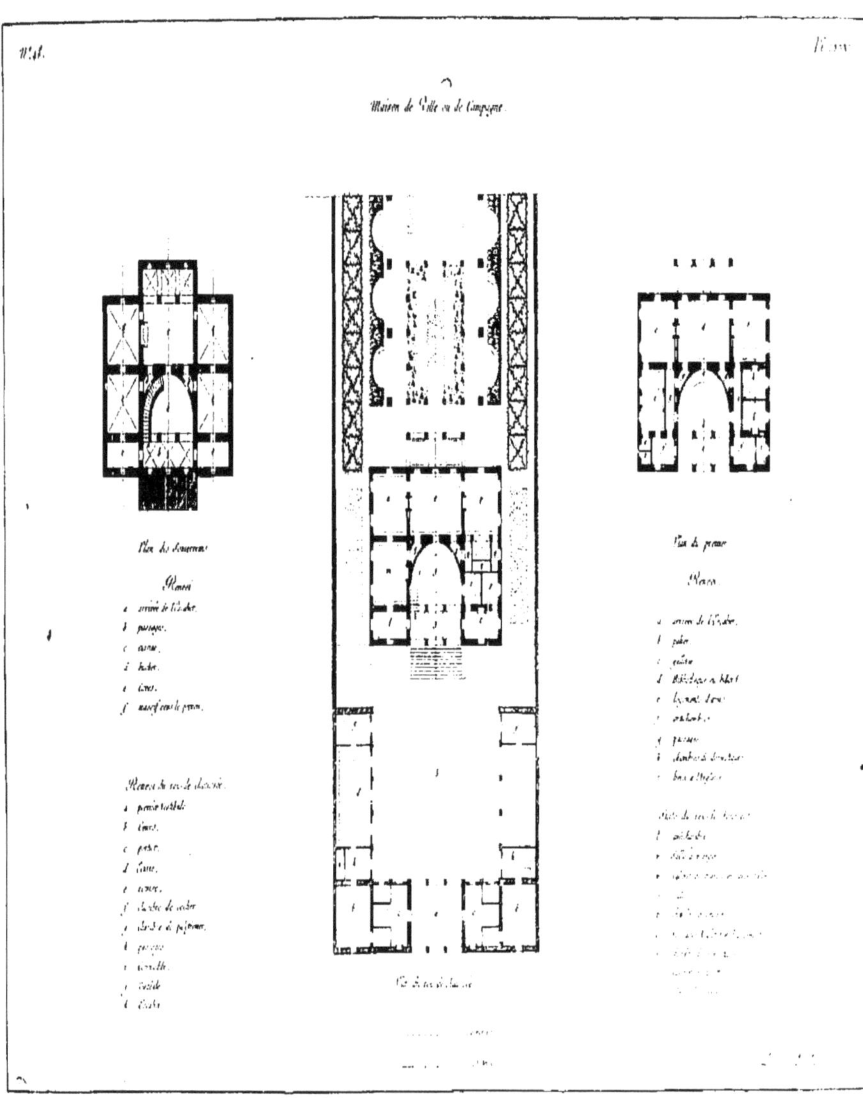
Maison de Ville ou de Campagne.

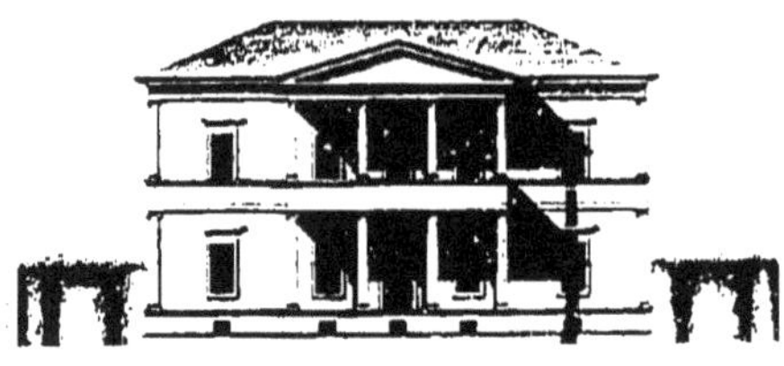

Élévation du côté du jardin

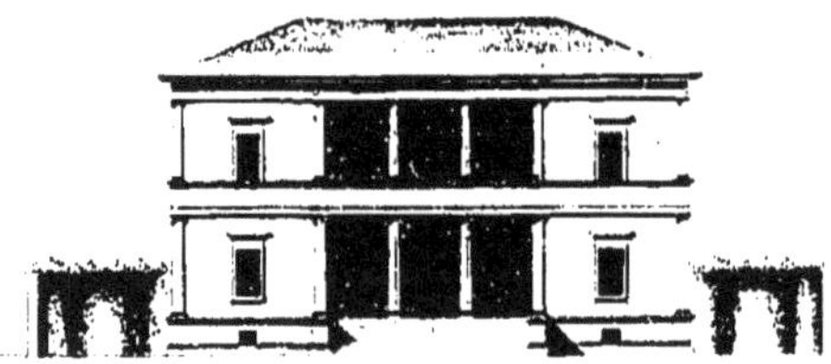

Élévation du côté de la cour.

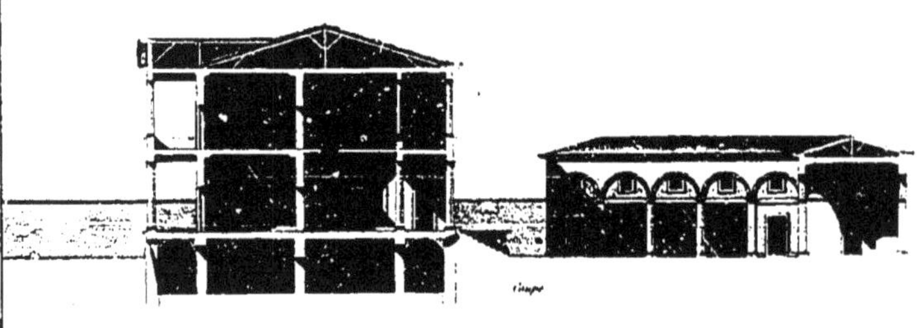

Coupe

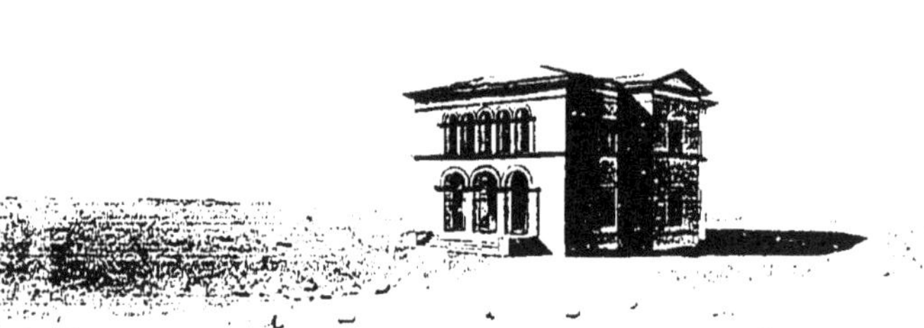

Vue perspective de la maison ... pl. XXXI.

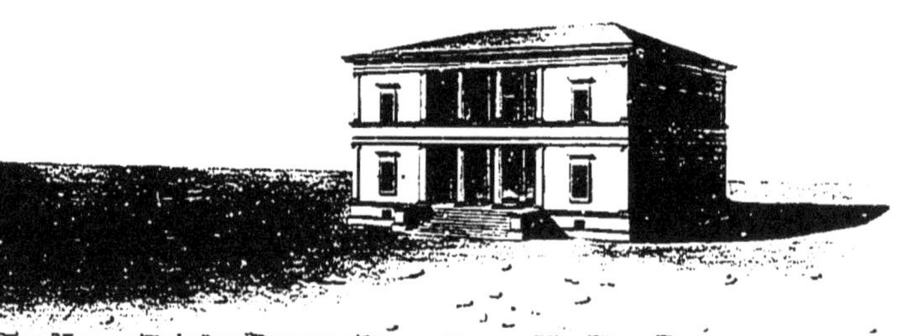

Vue perspective de la maison précédente.

Suite de la Table

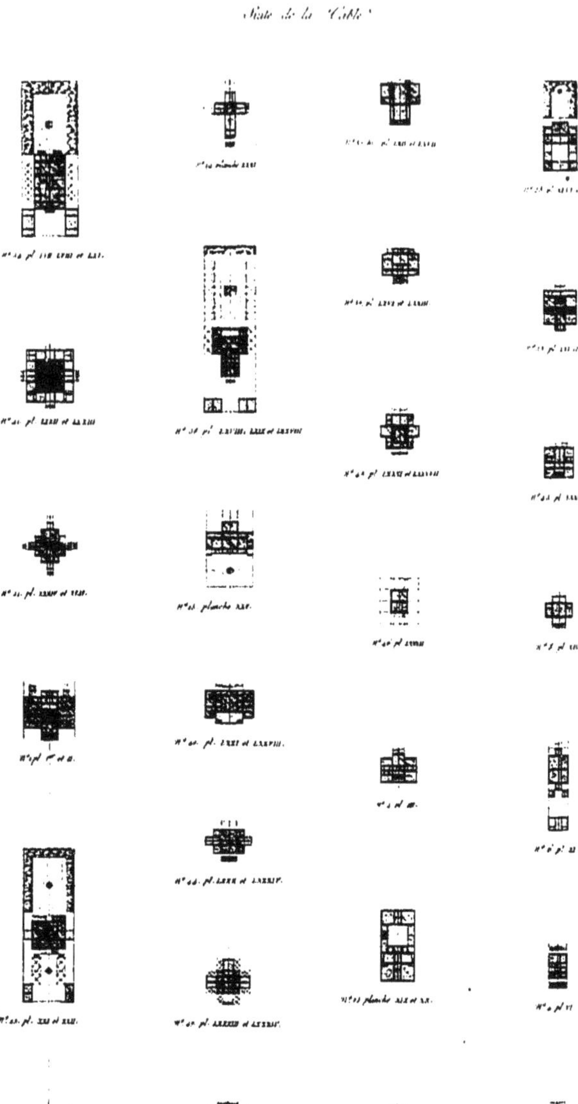

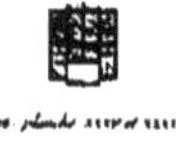

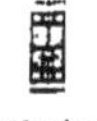

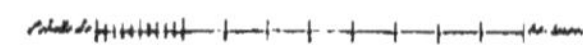

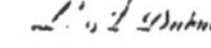

L. L. Dubut inv.

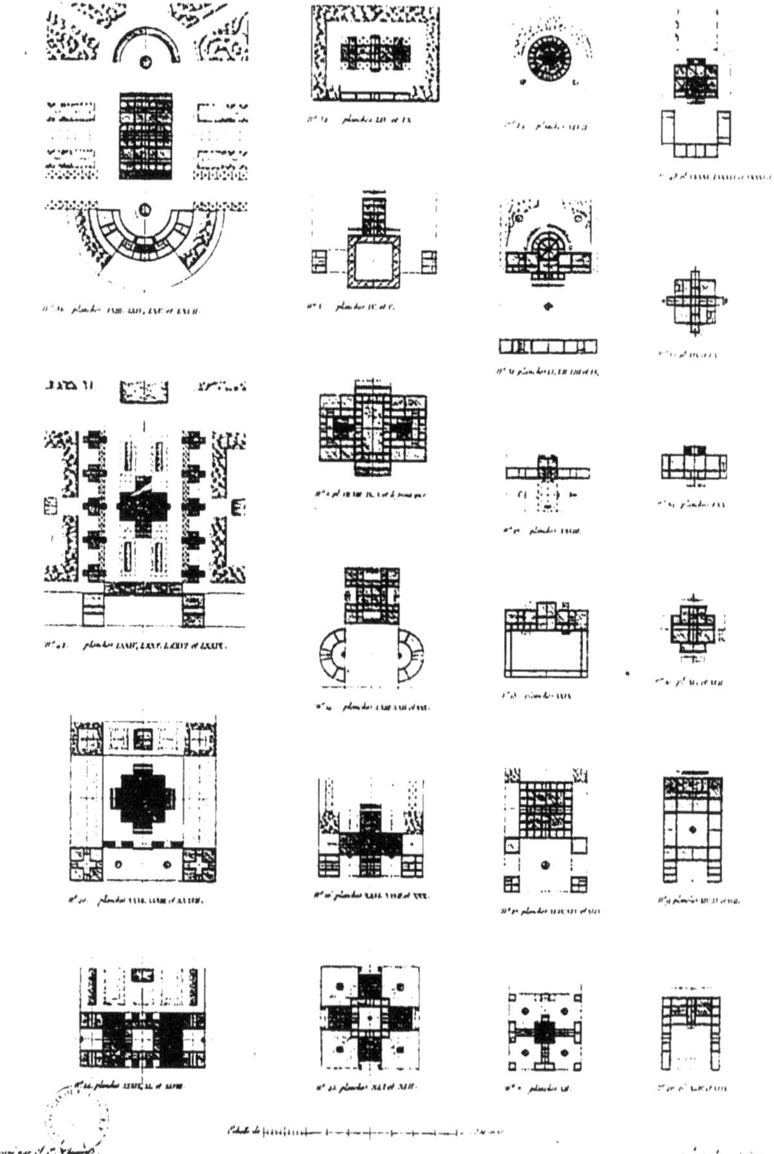

www.ingramcontent.com/pod-product-compliance
Ingram Content Group UK Ltd.
Pitfield, Milton Keynes, MK11 3LW, UK
UKHW021122220726
13924UKWH00004B/1855

9 782019 710491